CARTAS AO VENTO

Editora Appris Ltda.
1.ª Edição - Copyright© 2023 da autora
Direitos de Edição Reservados à Editora Appris Ltda.

Nenhuma parte desta obra poderá ser utilizada indevidamente, sem estar de acordo com a Lei nº 9.610/98. Se incorreções forem encontradas, serão de exclusiva responsabilidade de seus organizadores. Foi realizado o Depósito Legal na Fundação Biblioteca Nacional, de acordo com as Leis nos 10.994, de 14/12/2004, e 12.192, de 14/01/2010.

Catalogação na Fonte
Elaborado por: Josefina A. S. Guedes
Bibliotecária CRB 9/870

L732c 2023	Lima, Jucielma Cartas ao vento / Jucielma Lima. 1. ed. – Curitiba : Appris, 2023. 77 p. ; 21 cm.
	ISBN 978-65-250-4529-0
	1. Cartas brasileiras. 2. Covid-19. I. Título.
	CDD – B869.6

Editora e Livraria Appris Ltda.
Av. Manoel Ribas, 2265 – Mercês
Curitiba/PR – CEP: 80810-002
Tel. (41) 3156 - 4731
www.editoraappris.com.br

Printed in Brazil
Impresso no Brasil

Jucielma Lima

CARTAS AO VENTO

FICHA TÉCNICA

EDITORIAL	Augusto Vidal de Andrade Coelho
	Sara C. de Andrade Coelho
COMITÊ EDITORIAL	Marli Caetano
	Andréa Barbosa Gouveia (UFPR)
	Jacques de Lima Ferreira (UP)
	Marilda Aparecida Behrens (PUCPR)
	Ana El Achkar (UNIVERSO/RJ)
	Conrado Moreira Mendes (PUC-MG)
	Eliete Correia dos Santos (UEPB)
	Fabiano Santos (UERJ/IESP)
	Francinete Fernandes de Sousa (UEPB)
	Francisco Carlos Duarte (PUCPR)
	Francisco de Assis (Fiam-Faam, SP, Brasil)
	Juliana Reichert Assunção Tonelli (UEL)
	Maria Aparecida Barbosa (USP)
	Maria Helena Zamora (PUC-Rio)
	Maria Margarida de Andrade (Umack)
	Roque Ismael da Costa Güllich (UFFS)
	Toni Reis (UFPR)
	Valdomiro de Oliveira (UFPR)
	Valério Brusamolin (IFPR)
SUPERVISOR DA PRODUÇÃO	Renata Cristina Lopes Miccelli
PRODUÇÃO EDITORIAL	Jibril Keddeh
REVISÃO	Bruna Fernanda Martins
	Alana Cabral
DIAGRAMAÇÃO	Renata C. L. Miccelli
CAPA	Sheila Alves

Dedico esta obra às milhares de vidas sucumbidas pela covid-19, aos que tiveram seus planos interrompidos, sem direito ou mesmo tentativa de lutarem pelas suas vidas. Aos que conseguiram de alguma forma tentar sobreviver, expresso carinho e admiração pela difícil luta que enfrentaram em seus leitos hospitalares. Imagino a força e a vontade que tiveram, conscientes ou inconscientes, com ou sem a ajuda de ventiladores mecânicos, acreditando que voltariam para seus lares ou entregando-se completamente ao vírus. Aos que tiveram suas vidas levadas, sem ao menos chegarem aos hospitais, aos que chegaram e não conseguiram atendimento, vocês foram vítimas e também heróis!

Às mães e aos pais que perderam filhos, aos filhos que perderam pais, a todos os avós que deixaram de ver seus netos crescerem, aos netos que não terão mais o vô ou a vó para se sentarem em seus colos, aos irmãos que tiveram seus laços fraternos rompidos, aos familiares que passarão as festividades com a ausência de alguém à mesa.

Minha solidariedade a todas as crianças que ficaram órfãs, sem as referências do pai e/ou da mãe em suas vidas.

A todos os funcionários da área da saúde, em especial, médicos e enfermeiros, incansáveis na tarefa de salvar vidas.

A todos os artistas, jogadores e pessoas públicas que no momento desesperador que vivenciávamos compraram cilindros de oxigênio para os hospitais.

A uma parcela da sociedade brasileira que realizava mutirões para ajudar seus semelhantes com remédios, assistência afetiva e, principalmente, no combate à fome instantânea.

Enfim, dedico esta obra aos seres humanos que aprenderam a valorizar mais as pessoas ao redor e tornaram-se mais "humanos" com seus semelhantes!

AGRADECIMENTOS ESPECIAIS

A Deus, por estar sempre ao meu lado em todos os momentos de minha vida.

Às nossas filhas, Maria Eduarda Lima e Ana Clara Lima, pelo amor e por simplesmente existirem.

Ao Dr. Kristian Mariano Heinze, pelo profissionalismo e pelas palavras constantes de esperança e conforto.

À minha irmã de coração, Simone Telles, e ao William Telles, que permaneceram conosco a todo instante.

À minha amiga Dilma Rodrigues, pelo conforto.

Ao amigo Wagner Rossetto (Lilica), por estar comigo e com a Maria Eduarda diariamente no hospital com palavras aconchegantes.

Ao nosso irmão de coração, Eduardo Barros, para quem eu ligava todos os dias logo que saía do hospital e sempre ouvia palavras de incentivo.

Ao chefe do Wendel, pelo apoio afetuoso e por ser incansável em acompanhar toda a trajetória hospitalar do meu marido.

À amiga Fernanda Mendonça, por ter ido ao hospital no período em que eu estava impossibilitada.

À amiga Fernanda Barros, pelo carinho e pelo apoio.

A todos os amigos que participaram do grupo de WhatsApp "Recuperação do Wendel".

À minha querida vizinha Cirley Neiva, pela ajuda e pelo carinho.

Aos meus vizinhos Maria Lúcia e Luiz Fernando de Souza, pela preocupação e pelo afeto.

Às primas Rita e Rose Lacerda, pelas mensagens, carinho e orações.

Aos amigos Renata Barcellos e Fabio Tadeu, pelas mensagens incentivadoras.

Ao Ian Benevides, pela alegria e pelo carinho conosco, em especial à Maria Eduarda.

A todos os colegas de trabalho do Wendel, em especial a Enoque Bazilio, pelas mensagens recebidas.

Ao grupo de WhatsApp da ETPC (Turma de Ensino Médio do Wendel), pelas palavras positivas recebidas.

Ao nosso cachorrinho Toody, por nos proporcionar sentimentos bons e alegres nos momentos difíceis (Wendel deu o Toody para Ana Clara no Natal de 2019).

Por fim, quero agradecer imensamente a todos os nossos amigos que nos apoiaram, às pessoas conhecidas e também às desconhecidas pelas vibrações positivas e orações.

Amor da minha vida
Daqui até a eternidade
Nossos destinos foram traçados
Na maternidade.

(Exagerado – Cazuza)

APRESENTAÇÃO

Escrever uma obra literária, seja ela qual for, nos torna pessoas de responsabilidade social. Apesar de sempre escrever sobre diversas coisas, nunca havia me atrevido a me inserir nesse meio, nem mesmo em tornar em livro a dissertação de mestrado realizada por mim. Pela formação em Letras e por ter particularidades em leituras com imensuráveis personalidades da literatura, o receio superava a escritora escondida em mim. Agora, cá estou, enfrentando mais este desafio: escrever uma obra literária e me autointitular escritora.

A escrita sempre fez parte de mim, transcrever sentimentos para o papel servia para registrar algo invisível e talvez imensurável. Se estava feliz, escrevia; se estava triste ou chateada, escrevia... Quantas cartas escritas por mim existem com pessoas que de alguma maneira cruzaram a minha vida? Quantos cartões de aniversário e de Natal ainda guardam confeccionados e escritos por mim? Quantas poesias infantis, sonhos registrados, desabafos, escrita teatral, encontros, bilhetes, cartas de amor, ainda estão guardados? Até biografia de ídolo, pensamentos importantes, escrita de reportagens, fatos históricos... Ah, sempre a escrita.

E por que não, agora, compartilhar uma vivência tão avassaladora, como a obra *Cartas ao vento*? Por que não deixar que outras pessoas compartilharem sentimentos semelhantes comigo pelo que vivi e senti?

Cartas ao vento não foi escrita com o objetivo de ser socializada publicamente, ao contrário, as escritas eram íntimas e produzidas sem, em momento algum, recorrer à razão. Tratava-se de cartas (relatos) escritas em circunstâncias extremamente profundas que repercutiam no que sentia e como sentia, eram recortes temporais de um contexto desestabilizante e desesperador. Não buscava aspectos estilísticos tampouco embelezar o que escrevia; não existia esse pensamento, eram simplesmente relatos carregados de emoções.

As cartas serviram de base para que pudesse, depois da tempestade, estruturar a história apresentada neste livro. O que de certa forma, ainda assim, mantém uma narrativa conduzida por lembranças e certa nostalgia, ambos sentimentos embebecidos por sentimentos.

A narrativa não tem pretensão alguma de apresentar ou provar para quem lê algum tipo de entendimento direcionado ou específico, entre mim e a obra, existe uma transposição de uma vivência, num determinado recorte de tempo e como perpassei por todo o vivido. Talvez, possa ousar em supor que quem lê a obra sente-se tocado em refletir sobre a vida a partir de variadas óticas.

SUMÁRIO

CARTAS AO VENTO 15
O COMEÇO 16
O DESERTO HABITOU EM MIM 24
A BOA MENSAGEM NÃO VEIO 26
A PRIMEIRA VEZ NO HOSPITAL 28
05/06 (Sábado) 33
10/06 (Quinta-feira) 34
11-12-13 (Sexta, sábado e domingo) 35
17/06 (Quinta) 36
18/06 (Sexta-feira) 37
20/06 (Domingo) 38
21/06 (Segunda-feira) 39
22/06 (Terça-feira) 41
23/06 (Quarta-feira) 42
24/06 (Quinta-feira) 43
25/06 (Sexta-feira) 44
26/06 (Sábado) 45
27/06 (Domingo) 47
28/06 (Segunda-feira) 49
29/06 (Terça-feira) 50
30/06 (Quarta-feira) 51
A ÚLTIMA CARTA 53
OS OLHOS AINDA CHORAM 56
NOSSA HISTÓRIA 58
UM ANO DEPOIS 64

O RECOMEÇO É SEMPRE DIFÍCIL..68
PENSAMENTO DA AUTORA..74

Cartas ao Vento

A história contada aqui está longe de ser uma narrativa fictícia. Conto uma história real e totalmente fiel àquilo que podemos denominar de "experiência de vida"... Não pretendo nesta obra propor juízo de valor ou até mesmo posicionar-me sobre uma perspectiva específica de como agir ou pensar sobre questões extremamente pessoais. Sinceramente, o que escrevi foi registrado em momento específico, sem pretensões ou objetivando comover quem irá ler. Porque quando escrevi as cartas, além de querer que meu marido as lesse depois e soubesse o quão difícil foi passar por tudo aquilo, sentia a necessidade de transcrever em palavras tudo o que acontecia.

O Começo

Estávamos reunidos, como de costume, na sala dos professores de nossa escola em horário de planejamento. Sempre tínhamos conversas interessantes sobre política, religião, família, sociedade. O assunto do dia era sobre um vírus que estava se alastrando rapidamente em diversos países e, consequentemente, tirando vidas em massa. Lembro-me perfeitamente daquela quinta-feira, 5 de março de 2020, presenciei colegas dizendo que o vírus era perigoso apenas para os idosos e pessoas com comorbidades. Me posicionei demonstrando certo receio por tratar-se de um "vírus" ainda desconhecido e tal fato deveria trazer forte preocupação para todos. O grupo parecia não acreditar ainda na verdadeira situação pela qual outros países estavam passando, mas dentro de mim sentia que as coisas aconteceriam diferentes. Estava certa!

Na sexta-feira, dia 13 de março, semana seguinte àquela conversa, fomos notificados de que as aulas haviam sido suspensas por conta da pandemia do Sars-COV-2, a doença do coronavírus, ou a covid-19. A partir desse dia, passei a ficar extremamente preocupada com tudo, afinal poucas eram as informações consistentes e inúmeras suposições. O medo prevaleceu no lar e nas vidas de milhares de pessoas.

Eu e as minhas filhas ficamos isoladas do mundo, não saíamos de casa para nada! Infelizmente meu marido, por trabalhar em uma empresa privada, permaneceu com a rotina diária. Apesar disso, todos os dias ao voltar do trabalho, entrava pela parte de trás da casa, deixava os sapatos e o uniforme, vestia outra roupa e subia para tomar banho. Só descia para jantar e conversar depois de executar todos os protocolos. Não recebíamos visitas, todas as compras eram realizadas pelo WhatsApp, qualquer produto ou alimento era lavado e esterilizado. O medo nos tornou reféns de algo invisível, mas que estava tirando muitas vidas. Qualquer espirro vinha acompanhado de preocupação. No meu caso, desespero mesmo!

Depois de oito meses presa dentro de casa, comecei a ir ao mercado e à farmácia. Claro que com muito medo e tomando as medidas preventivas necessárias.

No ano seguinte, em janeiro de 2021, viajamos em família para lugares mais isolados e comprando nossos alimentos para evitar frequentar restaurantes. Por várias vezes, algum de nós fez exame por pensar ter sido contaminado e dava sempre negativo. Eu era a mais neurótica!

Não conseguia entender como as pessoas podiam ter atitudes contrárias à prevenção da Covid, com milhares de outras morrendo. Como sofria! Sofria por cada mãe que perdia um filho, por filhos que ficavam órfãos, pela perda de pessoas conhecidas, por pessoas desconhecidas... Vidas perdidas! Não dependia mais de quem tinha ou não plano de saúde, de quem tinha ou não poder aquisitivo melhor, não dependia de quem vivia no interior ou nas grandes metrópoles, não dependia de quem tinha ou não comorbidade.

A cada dia eram milhares de pessoas morrendo, acompanhava os noticiários em vários horários e em diferentes emissoras, o índice era desesperador. Parecia que estava dentro de um filme apocalítico e que nunca acabava, mas apesar de tudo, ainda apareciam "lunáticos" afirmando que os relatos apresentados eram mentira e que estavam atrelados a posturas políticas divergentes do governo. Apesar de imensa revolta que me toma, prefiro apenas citar e perpassar por tamanha falta de conhecimento ou qualquer outra coisa do tipo.

Nos tornamos seres confinados em nossos lares, longe de pessoas que amávamos e mantendo distanciamento de contatos importantes tanto para nossa saúde mental quanto para o convívio social. Passamos a conversar com outras pessoas pelas redes sociais, os sorrisos não mais seriam vistos porque as máscaras os escondiam, as pessoas não podiam mais abraçar ou serem abraçadas, o colorido das coisas estava agora em preto e branco. Nossas crianças não podiam mais correr, brincar e lhes fora tirado o direito de estudar e poder, assim, conviver com seus colegas e professores. Hospitais movimentados, ruas vazias... Choro! Silêncio!

O mundo todo, em cada canto, estava doente! Não tínhamos para onde fugir, estávamos ilhados pelo desconhecido e tomados pelo medo.

Paralelo a isso tudo, nossa família, como outras tantas, tentava permanecer firme e realizando todas as manobras possíveis para evitar a contaminação pelo vírus. Mas mesmo tomando todas as precauções necessárias, tínhamos consciência que de certo modo estávamos acessíveis ao vírus por conta do trabalho de meu esposo (mesmo com todas as precauções tomadas).

Tinha medo de que eu e ele fôssemos contaminados pelo vírus e que ficássemos internados, intubados... Tal receio veio de um pesadelo que havia tido e contado para a minha comadre. O que seria de nossas filhas? De nenhum lado da família, minha e dele, podíamos contar com alguém para que cuidasse delas. Lembro que em uma noite, antes de nos deitarmos, conversamos sobre essa situação e ele havia dito que, se isso acontecesse, poderíamos contar com os padrinhos da nossa filha mais velha. Para ele, seria a única casa na qual elas ficariam à vontade e que seriam bem acalentadas. Apesar dos grandes amigos que tínhamos, as meninas conviviam mais com eles e adoravam ir para lá (Paraty).

Entre o final de abril e início de maio, tive uma das minhas "frequentes" crises alérgicas ou até um resfriado, e por conta da demora em ficar recuperada, achei que estava com a Covid. As dores nas costas determinaram minha ida ao laboratório em Volta Redonda para realizar o exame e ver se estava ou não contaminada.

Antes, deixei três cartas escritas numa folha de ofício: a primeira era para o meu marido, declarando a ele plenos poderes em acessar qualquer coisa minha (com senha do banco e poupança); a segunda, estava os horários dos remédios controlados de nossa filha mais nova (eu administrava diariamente), e a terceira, um texto para a filha mais velha pedindo para que cuidasse da irmã e ajudasse o pai a cuidar de tudo (uma despedida na verdade!).

Ao receber o resultado "negativo" ao vírus, fiquei aliviada e voltei para casa. Esperei meu marido chegar, contei que havia testado "negativo" sobre as cartas. Ele riu muito de mim, disse que eu parecia uma criança, às vezes! As cartas estão até hoje guardadas dentro da agenda e possuem uma simbologia para mim...

Estávamos preparados para irmos a Paraty, na sexta, dia 21 de maio, pois seria o aniversário de nossa afilhada no dia 23 e sempre fazíamos isso em todos os anos (exceto 2020). Acabou que não conseguimos por conta da "preventiva" que aconteceria no sábado, na empresa onde meu marido trabalhava.

Na quarta-feira, 26 de maio, fui realizar uma tomografia no abdome por conta de dores na região há algumas semanas. Meu marido, preocupado com o contraste, saiu da empresa mais cedo e foi me acompanhar. Após realização do exame, almoçamos juntos, conversamos e rimos de algumas situações nossas. Acabado o tempo, ele retornou para o trabalho e eu para Piraí.

Quinta-feira, 27 de maio, Wendel chegou do trabalho e disse que não estava se sentindo bem: dor de cabeça, garganta arranhando, dores pelo corpo, achava que estava com febre... Meu Deus! Logo pensei: Covid! Mas só pensei! Falei para irmos ao hospital porque ainda estava cedo, ia com ele e as meninas ficavam (o hospital ficava a uma quadra de nossa casa). Mas Wendel achou melhor ir no dia seguinte, para que assim o corpo pudesse reagir à febre. Não consegui dormir naquela noite, imaginando tudo o que mais temia. Quando o sono chegou, já era quase manhã!

Sexta-feira, 28 de maio, acordei e Wendel já não estava mais na cama, desci e não estava em lugar nenhum da casa. Saiu para o hospital e não quis me chamar. Não demorou e logo chegou, havia feito Swabe comprado os medicamentos receitados pela médica (por precaução). Não havia conseguido fazer o Raio-X porque a máquina havia dado problema e teria que voltar no dia seguinte para fazer os exames. Estava se sentindo muito mal, mas disse que achava que deveria ser um resfriado. Meu coração, apertado, torcia para que ele estivesse certo.

Sábado, 29 de maio, fui com ele ao hospital para que realizasse o Raio-X da face e dos pulmões. Depois de visto pelo médico, tudo limpo, sem secreção. Os sintomas permaneciam...

Domingo, segunda e terça, gradativamente o quadro foi ficando pior, as dores e a febre no corpo já não deixavam ele dormir direito...

Quarta-feira, 2 de junho, eu havia recebido o exame (WhatsApp) com o resultado POSITIVO para COVID... Meu Deus! Retornamos ao hospital para uma nova consulta, refez os exames de Raio-X e agora surgiu secreção nos seios face... Foi medicado com um coquetel de remédios (antibióticos, corticoide, antitérmico, vitaminas). Agora eu também estava começando com um resfriado, consultei e fiz o exame para ver se estava com o vírus. Voltamos para casa e Wendel disse para ficar isolado de todos, concordei de isolar-se das meninas. Eu, não! Ficaria com ele!

Estávamos agora totalmente isolados, em quarentena. Contávamos com a vizinha para realizar as compras de mercado e a feira para nós; estávamos totalmente isolados.

Os sintomas permaneceram e mais uma noite sem dormir!

Quinta-feira, 3 de junho, pelo fato do Wendel ter sido contaminado pela Covid, uma enfermeira veio à nossa casa para realizar o Swab nas meninas e na moça que trabalhava conosco. O meu resfriado estava piorando... Mesmo sem sair os resultados do Swab dispensei a ajudante para que ela ficasse em casa, em isolamento também. Wendel ligou para um amigo médico e este o orientou a ir para o hospital de Volta Redonda para fazer a tomografia. Também conversei com meu marido e disse que concordava como o nosso amigo, mas Wendel achou melhor esperar mais um pouco para que os medicamentos fizessem efeito.

Novamente, passamos a noite e a madrugada acordados por conta do estado dele, que não melhorava.

Sexta-feira, 4 de junho, comecei a sentir dor de cabeça e o corpo pesado, mas precisava cuidar do Wendel e das meninas. À tarde, Wendel disse que a saturação havia caído (tínhamos o oxímetro) e logo voltou ao normal. Fomos ao hospital e depois de fazer o protocolo de atendimento, não tinha febre e a saturação estava boa, voltamos! Apesar do distanciamento das nossas filhas, a mais velha começou a sentir dores de cabeça e o corpo ruim. Mais uma noite inquieta para nós! Minha cabeça doía muito, mas o aperto no coração era pior. Só pensava na minha família, meu bem mais precioso! Além do Wendel muito mal, eu estava piorando e a Maria começando... Pedia a Deus para nos proteger e cuidar de nós!

Sábado, 5 de junho, logo cedo já havia recebido o resultado da coleta do Swab, eu e Maria estávamos infectadas, mas a Ana e a ajudante não! Graças a Deus por elas! Receber o resultado concretizou o meu desespero, como pode aquele maldito vírus ter chegado à minha família? Não foi falta de oração e súplicas a Deus, também não foi falta de agradecer pela proteção até o dia em que Wendel chegou doente. Existem situações que fogem totalmente do controle e na maior parte delas Deus não tem nada a ver com as consequências que nos são apresentadas.

Eu e a Maria fomos ao hospital consultar por conta dos sintomas que estavam piorando. Realizamos os exames de Raio-X, a médica nos receitou alguns remédios, passamos pela rua para comprar os medicamentos e voltamos para casa. Apesar de chegar e ver meu marido sentado, como de costume, no sofá da sala tocando violão, alguma coisa estava diferente. As olheiras pelas noites mal dormidas, a voz fraca e um cansaço além do de costume me faziam pensar naquela condição de vulnerabilidade na qual estava.

A noite começou a cair, Maria deitada no quarto dela sentindo-se mal, a Ana rodeando pela casa e eu na cozinha tentando fazer uma comidinha saudável para fortalecer o sistema imunológico de todos. Acreditava que aquilo que estávamos vivenciando seria momentâneo e passaria, como tudo na vida. Mas o medo estava ali, o tempo todo!

De repente, a Ana Clara desce e diz que o pai estava me chamando. Subi em passos largos as escadas e quando cheguei ao nosso quarto, ele estava deitado de bruços e dizendo sentir-se muito cansado. Peguei o oxímetro e a saturação estava 87...O coração travou! Vamos para o hospital! Ajudei ele a colocar um casaco, peguei o tênis e pus nos pés dele, catei os documentos e segurando-o pelos braços descemos as escadas até chegar ao carro. Sinceramente não sabia quem estava mais assustado no ocorrido, eu, ele ou as meninas.

Chegamos ao hospital, desci correndo para notificar a atendente. Logo veio uma enfermeira com a cadeira de rodas para levá-lo. Entrei junto para a emergência e a saturação permaneceu baixa, necessitando colocá-lo no oxigênio imediatamente. Nesse meio tempo, enquanto aguardava sua internação, a Ana Clara fez uma chamada de vídeo pelo meu celular e conversou com o pai. E acreditem, o que ele mais pediu foi para que ela cuidasse de mim (*Aninha, cuida da mamãe pro papai. Promete que vai cuidar dela? O papai te ama! Fica com Deus!*). Não tinha como não me emocionar, mas precisava "travar o choro".

A sensação que tinha era de medo, muito medo... Desespero total! Estava ali sozinha, não sabia a quem recorrer! Tinha perdido minha mãe há seis meses... Não tinha ninguém de minha família para pedir ajudar. Quase me perdi no sentimento de solidão, mas tinha que ser forte por ele e pelas nossas filhas! Nessa altura, as dores no corpo e na cabeça haviam sido anestesiadas.

Saí da emergência. Voltei em casa por duas vezes para buscar documentos! Me tremia toda! Liguei para a Dilma desesperada! O marido dela é médico e amigo nosso. Logo o Ricardo me ligou e me orientou a pedir a transferência do Wendel para Volta Redonda, por conta de maiores recursos. Já não podia mais vê-lo porque havia ido para a ala de isolamento.

Entrei em contato com o "chefe" dele na empresa, pois, segundo o Wendel, ele me ajudaria a realizar a transferência para o hospital de Volta Redonda. Estava certo! Por intermédio dele, a ambulância viria buscá-lo... Combinei com o enfermeiro de plantão para que quando a ambulância estivesse chegando me avisasse. Podia ser qualquer hora, pois morava ao lado do hospital.

Voltei para casa desnorteada. Conversei com as meninas e subimos todas para o meu quarto, eu me sentindo mal por conta da febre e a Maria também. Tomamos os remédios e só nos restava esperar. As meninas dormiram e eu na expectativa, quase apagando... O telefone tocou, quase duas horas da manhã. Era do hospital comunicando que a ambulância estava chegando. Desci, deixei as meninas trancadas e segui para o hospital.

Quando o Wendel saiu, eu já estava na porta aguardando. Ele estava sentado na maca com a máscara de oxigênio e ao me ver brigou comigo: *O que você está fazendo aqui? É de madrugada! Você está com febre, tomando sereno!* Olhei para ele e disse que estava bem, não precisava se preocupar. Que tudo daria certo. Passei a mão na cabeça dele e disse para ir com Deus... Lá se foi!

Quando retornei para casa, parei o carro na frente da garagem e de longe fiquei olhando a ambulância que o estava transportando. Naquele instante, não conseguia mais segurar o choro! Doía muito! Chorei! Gritei! Soquei o volante! Questionei Deus o porquê daquilo tudo. Sozinha, perdida, desesperada! Olhava a rua totalmente deserta, sem um ser vivo, e era assim também como estava naquele momento. Parecia que aquilo não estava acontecendo...

O DESERTO HABITOU EM MIM

A luz do dia veio e com sua chegada a constatação de que a situação era real e não tinha como negar. O domingo nublado, acinzentado, sem cor! Não tinha vontade de levantar, não tinha força física para tanto, não era somente o psicológico e o emocional, mas o vírus estava acabando comigo. De um lado eu e do outro a Maria com febre e dores, só a Aninha para nos ajudar. Uma sensação horrível! Precisava de ajuda, mas como? Quem viria? E o medo que todos tinham do vírus? No fundo, compreendia o isolamento por parte das pessoas, longe de mim questionar tal atitude. Queria muito que tudo aquilo acabasse, queria que a Maria ficasse bem, queria poder ficar bem para ter condições de ir ao hospital ver o Wendel.

Ainda na parte da manhã, Fernanda, uma amiga nossa e de contato próximo, me ligou dizendo para que eu ficasse tranquila que todos os dias ela iria ao hospital para acompanhar a situação do Wendel e que me informaria por telefone.

Em seguida, o Eduardo (irmão-amigo) me ligou, conversamos e, sinceramente, ouvir suas palavras abrandou um pouco o coração. Ele era um dos maiores amigos do Wendel e, consequentemente, além de irmão de coração do Wendel, tornou-se meu também.

Mais tarde comecei a receber mensagens e ligações de amigos próximos estendendo a mão. Isso foi muito bom naquele momento, porque estava me sentindo totalmente desamparada e perdida.

Do sábado até a segunda, dia 7 de junho, os boletins eram bem parecidos e se mantinham: Wendel estava na UTI e precisava dos 15 litros de oxigênio para respirar. Estava muito agitado, com medo evidente e extremamente preocupado comigo e com as meninas. De acordo com relatos da equipe médica, o estado emocional dele estava desesperador. Tinha momentos que tentava tirar a máscara de oxigênio e não conseguia realizar as fisioterapias respiratórias, que eram de suma importância para o momento.

A partir dessa situação, tive a ideia de escrever uma carta para tentar tranquilizá-lo de que estávamos bem! Na verdade, cada uma de nós fez uma cartinha para ele, cada qual escrevendo do seu jeitinho. Sabia que ele estava preocupado conosco, pois saiu para internar com a esposa e a filha também infectadas, estava sofrendo em não saber como estávamos. Sempre foi muito cuidadoso comigo e com as meninas, quando ficávamos doentes, tínhamos um médico de plantão. Escrevemos na terça mesmo, escaneamos para que ele tivesse certeza de que foram escritas por nós e enviamos para a Fernanda.

Na quarta-feira, a Fernanda passou o boletim médico, no qual mantinha as mesmas condições, e disse que o médico havia entregado as cartas[1]. Fiquei feliz quando fui informada pela nossa amiga que Wendel havia ficado melhor depois de ler nossas cartas, fazendo as fisioterapias pulmonares sem resistência e que parecia ter se acalmado mais perante a preocupação de como estávamos. Apesar de tudo, tinha esperança na recuperação dele e acreditava que aquilo que estávamos vivendo seria mais uma das tantas outras experiências de vida. Mais uma história de superação para contar em nossos encontros sociais.

Era quinta-feira, dia 10 de junho, e já estava aguardando a Fernanda com notícia. Naquele momento, estava mais animada por conta da situação relatada anteriormente e confiante de que receberia boas mensagens sobre seu estado de saúde. Era só aguardar...

---

[1] Preferi não apresentar essas três cartas que escrevemos para o Wendel, foram escritas à mão por mim e pelas meninas. Estão guardadas até hoje em meus pertences pessoais.

A BOA MENSAGEM NÃO VEIO

A mensagem de texto chega e nela a Fernanda dizendo que iria me ligar. Apesar do estranhamento, não me preocupei. O telefone toca e, ao atender, a Fernanda com uma voz insegura me pergunta se estou sozinha porque queria falar uma coisa delicada... O coração apertou e disse que podia falar, já perguntando o que havia acontecido. Lembro exatamente ela dizendo: *Minha amiga, juro que não queria te dizer isso... As meninas estão do seu lado? O médico disse que vai ter que entubar o Wendel! Fica calma, vai dar tudo certo...* Perdi totalmente o rumo de tudo, mesmo sabendo que a Maria estava ao lado, comecei a chorar e contei para ela sobre a situação. Choramos juntas! Era inacreditável... Ouvimos juntas a gravação que a Fernanda fez do médico dizendo tudo o que Wendel havia falado antes de ser entubado: *Doutor, eu amo minha família! Amo as minhas filhas... Diz pra minha mulher que eu amo ela... Diz pra ela que eu vou voltar!* Meu Deus, que coisa horrível! Não conseguia entender... O restante do dia se apagou, parecia que tudo havia escurecido!

Estava consumida por uma falta de ar incessante e não sabia se era por conta do abalo emocional ou por consequência do vírus no meu organismo, me sentia muito mal. É impossível descrever em palavras os meus sentimentos nesse período. Eu queimava de febre, a Maria também com febre e dores pelo corpo e o meu amor havia sido entubado por conta da gravidade na qual se encontrava. Meu Deus! Orava todas as noites pedindo para você, Senhor, proteger minha família desse maldito vírus, e agora estamos todos contaminados! Mil coisas passavam pela minha cabeça: a situação grave do homem que amava, eu com medo de ter que ser internada, a preocupação com a Maria por não estar bem, o medo de que a Ana Clara também fosse contaminada... A cabeça não parava! Estávamos ilhados do mundo! Naquele momento me sentia sozinha, como uma criança! Ninguém podia cuidar de nós! O único que fazia isso estava entre a vida e a morte na UTI do hospital.

Desde a quinta-feira em que Wendel havia sido entubado, a situação permanecia a mesma: grave! Ele preso no hospital e nós presas em casa! Fui algumas vezes pela manhã ao hospital para fazer Raio X e acompanhar o andamento do vírus no meu corpo. Deixava as meninas em casa e a vizinha olhava para mim.

No domingo, dia 13 de junho, havia cumprido o tempo de isolamento necessário e estava decidida a ir ao hospital para acompanhar a situação do Wendel de perto. A Maria Eduarda estava melhorando, as dores no corpo haviam atenuado e estava sem ter febre. Conversei com ela e com a Ana, disse que nossa vizinha estava ao lado para qualquer necessidade e que precisava estar perto do pai delas. Troquei de roupa, muito fraca e trêmula, mas decidida! Estava entrando no carro quando o nosso amigo Eduardo Barros me ligou. Pediu para que não fosse e deixasse ele ir ver como o amigo estava, pois iria voltar para São Paulo e queria muito fazer isso antes de viajar. Claro que tinha consciência de tal importância para o Eduardo, sempre presente em nossas vidas, e os dois pareciam irmãos. Recuei e voltei!

Passadas algumas horas, o Eduardo me ligou e tentou ser bem rápido ao conversar comigo para não deixar que soubesse da gravidade da situação. Mal sabia ele que pela voz percebi o estranho e passei o resto do dia chorando muito. Já estava anoitecendo quando o interfone tocou e, ao atender, era o nosso vizinho de frente, que trazia um bolinho (forma de carinho) oferecido pela esposa e, ao perguntar sobre o Wendel, desabei. Disse que estava sem notícias! O vizinho procurou me tranquilizar e disse que iria conseguir notícias. Em menos de uma hora, a esposa dele me ligou e disse que a situação de meu marido era muito grave! Já sabia! Foi uma noite angustiante, mas estava decidida a ir ao hospital no dia seguinte.

A PRIMEIRA VEZ NO HOSPITAL

Segunda-feira, 14 de junho, estava sem febre e as dores haviam melhorado, e a Maria melhor ainda! Logo cedo, recebi o telefonema de um amigo nosso pedindo para que eu ficasse em casa e ele fosse acompanhar o Wendel, mas não aceitei. Estava decidida a ir ao hospital! Depois de muito insistir, nosso amigo percebeu que eu estava irredutível com a decisão e perguntou se teria problema ele ir todos os dias me acompanhar no hospital. Disse que não, muito pelo contrário, ajudaria.

Avisei a vizinha para onde estava indo e que as meninas ficariam, ela sempre pronta a ajudar, me tranquilizou dizendo que tomaria conta das duas. Segui meu caminho decidida e ao mesmo tempo insegura por conta de toda a situação. A única certeza que tinha era de que precisava estar próxima ao meu companheiro e acompanhar de perto tudo.

Cheguei ao hospital e em meio aos familiares de outros pacientes internados na UTI estavam a Fernanda e o Wagner (Lilica) me esperando. Fui recepcionada com carinho por eles, mas o coração estava travado por conta de tudo o que estava acontecendo. Aguardei, peguei o crachá de identificação da UTI 2 e fiquei esperando na porta principal liberarem a entrada dos familiares dos pacientes. Quase uma hora depois, a recepcionista disse que podíamos seguir, e entrei junto a mais algumas pessoas. Segui o grupo, até porque era meu primeiro dia, desconhecia onde ficaria aguardando notícias do Wendel. Parei dentro de uma antessala, tremia muito e comecei a chorar! Senti um ambiente tenso e de muita angústia, fui apontada por uma moça que estava naquela situação há alguns dias. Ela me mostrou para a psicóloga da UTI, a profissional logo veio me recepcionar e orientar o funcionamento da rotina. Quando disse que era esposa do Wendel, a psicóloga conversou bastante comigo falando sobre o período que o acompanhou antes de ser entubado. Vários relatos sobre a preocupação comigo e com as meninas, a angústia em ter que ficar com a máscara, a insegurança em estar naquela situação e o desespero ao saber que seria entubado. Cada palavra que ouvia me doía imaginar por tudo que ele passou sozinho no hospital e me sentia mal em não ter podido segurar a mão dele ou ao menos tentar acalmá-lo.

A conversa foi interrompida pelo médico; ao chamar o nome dele, entrei e escutei silenciosamente todas as informações sobre o seu estado de saúde. Não havia tido nenhuma melhora desde o dia que havia sido entubado, mas meu otimismo se atrelou ao fato de também não ter havido piora do quadro. Eu precisava acreditar e colocar a minha fé, afinal ele era forte e sempre enfrentou os desafios da vida com determinação! Saí da antessala na expectativa de que o amanhã seria outro dia e que tinha que acreditar como sempre fiz!

Três dias adiante, a Maria começou a ir todos os dias comigo para o hospital. Íamos de segunda a segunda, saíamos cedo para evitar algum contratempo e a Ana Clara ficava com a moça que me ajudava em casa. A rotina nossa de cada dia era acordar, tomar café e seguir até o estacionamento do hospital. Ficávamos ao lado de fora do hospital esperando que liberasse a UTI 2, e nesse meio tempo o Lilica chegava sempre demostrando esperança e acreditando numa boa notícia. Quando eu entrava, a Maria e ele ficavam ansiosos aguardando. Enquanto isso, entrava sempre com o tercinho que enrolava nas mãos e ficava aguardando ser chamada e ouvir o que o médico ia dizer sobre como o Wendel havia passado as últimas 24 horas. Não era fácil, mentiria se dissesse ser, aguardar por minutos, para saber o que havia acontecido nesse período. Mas todos os dias, por piores que fossem, nunca desistia! Estava sempre lá, sentada com meu tercinho, esperando ouvir alguma palavra, gesto ou expressão que valesse a pena.

Foram em torno de cinco dias que íamos e o quadro permanecia grave, não havia nenhuma evolução. Era angustiante, mas me apegava à condição de que não havia piora também e isso me deixava mais tranquila.

Lembro-me do dia que o médico (chefe da UTI) e que acompanhava o Wendel desde o início me permitiu vê-lo pelo vidro. *Queria muito poder ver ele, mesmo que de longe! Mesmo desacordado!* Lá estava eu seguindo para ter uns segundos concedidos em olhá-lo... Desde o início me mantive firme, buscando sempre acreditar na reversão do estado clínico do Wendel. Mas quando me deparei com ele entubado, cheios de "coisas" em seu entorno, fiquei estática. Vi ele deitado com a cabeça caída para o lado, mais branquinho do que o normal e quietinho, sem movimento. Parecia um anjinho... Aquela cena me fez chorar tanto, que o médico ficou preocupado! Até porque, desde que comecei a ir pessoalmente conversar como esse profissional, sempre estive firme e determinada na fé de sua recuperação. Existe um distanciamento efetivo entre o saber e o ver, quando sabemos estamos cientes da situação e quando vemos materializamos a situação. Constatar algo que nunca imaginaríamos ver nos choca e nos aterroriza, nos tira do campo da consciência. Fui embora muito abalada!

Sinceramente, tinha dias que não sei como dirigia de Volta Redonda até Piraí, voltava no automático...

Além da rotina do hospital, existia a rotina pós-hospital. Todos os dias ligava para o Eduardo, para a Luana (sobrinha de meu marido), para a Rita (prima dele e uma amiga muito próxima), para a vizinha, para minha sogra (mantinha informada de tudo, com cuidado por conta da fragilidade de saúde dela), para a Fernanda, enviava mensagem para Simone, para amigos muito próximos a nós, outros amigos de trabalho dele e até pessoas não tão próximas. Mas fazia questão de falar com todos, pois essa corrente me fortalecia no dia a dia. Quase sempre ficava sem comer por conta do tempo que passava e pela falta de vontade mesmo, quando percebia já estava entardecendo. Sentava na sala com as meninas e ficava jogando Pec Man por horas! Jogar me alienava e ajudava a passar o tempo mais rápido, queria que chegasse logo o dia seguinte para esperar uma boa notícia. Subia, tomava banho, me sentava na cama, ouvia a música "Noites Traiçoeiras" cantada pelo Padre Zezinho (tem um significado em nossa relação de casal), chorava e ao mesmo tempo conversava com Deus. Era o meu momento de reflexão e de colocar toda a pressão do dia para fora, desabava! As meninas em alguns momentos participavam, outros estavam em seus quartos encontrando meios de se desconectarem da realidade também. Quando terminava, me deitava e elas vinham dormir no quarto comigo. As noites quando não eram longas tornavam-se pesadas pela ausência de alguém muito importante em nossas vidas e estávamos conscientes da fragilidade na qual essa pessoa amada se encontrava.

Em uma das conversas diárias com a Simone (irmã de coração), surgiu a preocupação com a minha rotina, e o Willian (padrinho da Maria) mencionou a criação de um grupo de WhatsApp dos amigos mais próximos, em que eu pudesse postar as informações diariamente, reduzindo assim o trabalho e o tempo. E foi assim que surgiu o grupo RECUPERAÇÃO DO WENDEL!

Ah, os amigos! Esses foram e continuam sendo muito importantes nas nossas vidas, eram eles que me fortaleciam a cada instante dessa trajetória com palavras de conforto e atitudes importantes! Amigos verdadeiros com os quais tivemos o prazer e o conforto de contar diariamente, sem eles tudo teria sido mais difícil.

O tempo foi passando e, com isso, muitos sentimentos acompanhando meu coração. Foram dias tristes, pesados, inconformados, desesperadores; mas também dias esperançosos, determinantes, de muita fé! O limiar da vida desencadeia todas as possibilidades de sentimentos guardados dentro de nós, seres humanos, nos revelamos exatamente como somos frágeis e vulneráveis! Em contrapartida, buscamos força naquilo invisível aos nossos olhos, ao ato inexplicável da "fé", somos conduzidos por ela a todo instante nos gerando poderes de acreditar e de ter esperança nas situações mais complexas da vida.

E foi exatamente essa fé que conduziu o caminho que trilhava todos os dias, junto à minha amada Maria, de Piraí até o hospital em Volta Redonda. No decorrer dessa viagem, tivemos muitos altos e baixos, vimos o sol reluzente e também a chuva cair; vimos pessoas caminhando felizes e pessoas caminhando com tristeza; sentimos o olhar acolhedor de alguns e expelimos o olhar frio dos indiferentes; participamos da alegria da recuperação de doentes e da tristeza do agravamento da Covid; aprendemos a observar o canto dos pássaros e a identificar o silêncio da manhã.

Nesse período, "tentava" registrar o que sentia em cada dia! Talvez uma forma de expressar para mim mesma e não deixar que os sentimentos fossem esquecidos em algum lugar. Todas as noites, sentada na cama, escrevia em meu celular tudo o que havia vivido, pensado e sentido; tudo o que havia sabido e achava pertinente registrar. Os registros por mim feitos nessa trajetória tão difícil de minha vida receberam o nome de cartas. Por que cartas? Porque foram escritas também para serem lidas por alguém, alguém que estava isolado dentro de si mesmo e sem contato como o mundo exterior. Precisava contar para o Wendel os acontecimentos ocorridos, os detalhes de sua trajetória no período entubado, provar a importância que tinha na vida das pessoas, de como era querido e amado... As cartas seguem uma ordem cronológica porque foram escritas dessa forma, representando fielmente a realidade contada. Peço que ao ler as cartas sintam-se à vontade para expressarem seus pensamentos e permitam-se deixar aflorar sentimentos guardados dentro de vossos corações. Quando as escrevi, foi para uma pessoa específica e, por isso, estão carregadas de emoções e são demasiadamente sentimentais.

Seguem as cartas...

05/06 (Sábado)

    Nossa, meu amor! Que dia foi esse para nós! O enfermeiro me ligou 1:30 da manhã dizendo que a ambulância estava chegando em Piraí para te levar! Acordei a Maria para dizer que estava indo e ia deixar tudo trancado. Fui com o coração travado, me segurando para não chorar na sua frente! Estava com 38° de febre, fora o emocional abalado! Você ainda chamou minha atenção porque estava ali no sereno... Mas precisava te ver saindo... Consegui passar a mão na sua cabeça e tentar mostrar que estava bem para que fosse tranquilo, não funcionou, né? Soube depois... Passei momentos difíceis! Com febre, dores no corpo, fiquei muito fraca, febre alta todas as noites por uns cinco dias. Maria com os sintomas, mas com muita dor de cabeça e febre também. Tinha noite que nós duas estávamos com febre e isso me desesperava. Não sabia com o que ou quem me preocupar. Foram dias muito difíceis! A Maria se recuperou rápido, mas eu não! Voltei mais umas duas vezes no hospital sozinha para fazer raio-x e por conta dos sintomas. Cada vez aumentavam os medicamentos, coquetel de antibióticos, anti-inflamatórios e corticoide... Tinha tremores, dificuldade de puxar o ar e muita tosse. Mas pedia muito a Deus para não deixar eu piorar, cuidar da Maria e da Ana(Graças a Deus a Ana passou por tudo isso sem sintomas). Pedia a Deus para cuidar de você! Mas não podia ir ao hospital saber de você! Minhas condições físicas estavam abaladas por conta do Covid! Eu e as meninas isoladas, nós três! A Fernanda assumiu essa função e todos os dias estava aí e logo que recebia o boletim, me ligava! O médico relatou sua agitação e resistência em fazer a fisioterapia pulmonar. Soube da sua preocupação comigo e com as meninas, tive a ideia das cartas! Precisava dizer para você que estávamos bem! Eu não estava, mas os amigos se manifestaram e isso me ajudou! Fiquei feliz em saber que leu as cartas e que aceitou melhor a fisioterapia. Estava certa que iria melhorar e logo estaria em casa! Estamos te esperando! Te amamos!

10/06 (Quinta-feira)

Como todos os cinco dias que estava internado, ficava com o celular na mão esperando a Fernanda me mandar notícias sua! Só que hoje, ela ligou e perguntou se eu estava sozinha... Coração gelou! Ela disse que você tinha sido entubado! Meu mundo caiu! Queria sair correndo para o hospital, mas não podia porque estava muito debilitada e também não ia adiantar! Impotência! Não queria acreditar que aquilo estava acontecendo! Meu maior medo era real! Meu Deus! Me desesperei! A Fê tentou me acalmar por telefone, disse que queria estar comigo... Ninguém podia estar comigo e com as meninas, estávamos com covid! Muitas coisas passaram pela minha cabeça! Chorei muito! Orei! Me desesperei!

11-12-13 (Sexta, sábado e domingo)

     Estava totalmente desorientada com a situação! Nesses três dias seu quadro piorava, o comprometimento do pulmão estava em torno de 80%... desesperador! A Fernanda gravou o áudio no sábado do médico falando tudo o que você disse, quando soube que seria intubado (está guardado) Disse para o médico que me amava, me pediu desculpa (eu sabia pelo que), que amava as filhas, amava a família! Para me dizer que ia voltar! Eu pude sentir seu desespero! Depois a psicóloga disse que você disse que estava com muito medo e que parece que se entregou depois das cartas, soube que estávamos bem (Não era 100% verdade!) Mas queríamos te ajudar na recuperação! Fizemos um vídeo também, mas não deu tempo de chegar até você. Foi intubado antes! Tudo que eu queria era estar com você, segurando sua mão! A sensação de impotência é muito grande! Comecei a ficar mais preocupada e não podia fazer nada! Chorava escondido por conta das meninas e conversava com Deus! Mas o medo, a angústia, o desespero, os piores sentimentos não estavam permitindo minha fé ser mais forte! No dia 13, domingo, me arrumei e combinei da Maria ficar com a irmã. Estava muito fraca ainda, com tremores, mas ia ai hospital! Quando estava entrando no carro, o Eduardo me ligou e pediu minha permissão para ir conversar com o médico porque estava indo para São Paulo. Não fui! Eduardo me ligou depois, estava tentando disfarçar a voz e tentando me dizer coisas para me tranquilizar. Infelizmente tinha consciência de tudo e percebi na voz dele (você me conhece). Lilica me ligou tentando me convencer a não ir na segunda, ele poderia ir! O Eduardo pediu para tentar me convencer! Mas estava decidida a ir, precisava estar ali perto de você todos os dias. Queria conversar com o médico pessoalmente! Desistiram! À tardinha, Luiz Fernando tocou o interfone com um bolinho que Maria Lúcia tinha mandado. Perguntou de você e comecei a chorar contando. Ele me acalmou e disse se precisasse de qualquer coisa, eles estavam ali para ajudar. Perguntou onde estava internado e expliquei! Ele disse que era amigo de alguém lá dentro e ia saber notícias. Depois de uns vinte minutos, Maria Lúcia me ligou dizendo que com seguiu falar com alguém do hospital e o seu caso era grave! Eu sabia... Muita tristeza!

17/06 (Quinta)

     Há quatro dias indo ao hospital e nenhuma alteração positiva. A mesma coisa que o quadro está grave... Ontem, uma infecção renal! Chorei muito! Implorei a Deus que hoje tivesse uma pontinha de esperança. Mais um dia de angústia! Entrei para a salinha e pela primeira vez, não foi o Dr. Kristian, foi uma médica (parecia residente). A infecção renal estava estabilizada, vamos aguardar até 72 horas para os antibióticos fazerem efeito... No raio-x, uma pequena expansão do pulmão. A pressão havia subido, mas estava estabilizada. Ainda precisa de muito oxigênio para respirar...Perguntei que dentro da gravidade da situação, as funções estavam estáveis? Sim! Sai da salinha com meu tercinho, caminhei na mesma direção da saída e de longe, a Maria me olhando (como todos os dias)para ver minha expressão. E aí, mamãe? Me emocionei porque tive uma pequena boa notícia...Depois de chorar contei para ela e para o Lilica! Voltamos para o carro e chorei muito! Mamãe, isso não foi bom? Por que está chorando? Foi bom, sim! Choro para extravasar! Cheguei em casa, liguei para Dona Arleth, Eduardo, Rita... A Dilma veio me visitar, oramos juntas...Mas à noite, todas as noites, um vazio me consome e uma saudade forte aperta meu coração! Tive uma crise de choro no quarto, as meninas vieram. A Ana fez uma oração, uma súplica a Deus para que trouxesse você de volta, se descontrolou! Choramos juntas e abraçadas implorando a Deus que te curasse e trouxesse você de volta. Ah, meu amor! Uma sensação de impotência, desespero, medo, angústia... Eu clamo a Deus que te cure e te traga de volta! Nós te amamos tanto!

18/06 (Sexta-feira)

     Acordei com o coração um pouco mais leve porque estava acreditando que hoje Deus proporcionaria uma notícia boa! Fiquei aguardando na salinha, com meu tercinho, e fiquei mais calma quando vi o Dr. Kristian entrando. Dessa vez, chamaram Wendel no segundo momento e entrei. A expressão do médico parecia mais serena! Os antibióticos estavam minando a infecção renal, estava urinando normal e o pulmão estava expandindo... Apesar da gravidade, de ontem para hoje, uma estabilidade! Dr. Kristian mencionou uma possível traqueostomia e explicou que quando acordasse não se depararia com um monte de equipamentos no rosto! Psicologicamente para você seria bom também! Ah, meu amor! Meu coração saiu da sala com tanta esperança! Agarrada com meu terço passava pelos corredores do hospital agradecendo a Deus... De longe vi a carinha da Maria... Cheguei chorando e dizendo para ela e para o Lilica o que o médico tinha me dito. Ela sorriu! Me senti tão esperançosa e queria dar essa boa notícia porque todas as pessoas que estão orando e torcendo por você, precisavam saber! No carro, antes de voltar, liguei para o Eduardo e ele se emocionou! A Fê veio de carro para falar comigo, choramos juntas! Cheguei em casa e fui falar para a Ana Clara que Deus tinha ouvido o pedido dela ontem à noite! Ela chorando descontroladamente pedia a Deus para curar você, te trazer de volta porque ela não aguentava mais a saudade! Papai do Céu, traz me papai de volta! Eu amo muito ele, Papai do Céu! Cura ele! Você sempre me ouve, traz meu papai de volta! Eu amo muito ele!

     Quando falei, ela correu me abraçou e perguntou se você tinha melhorado? Eu disse que um pouquinho e ela sorriu! Liguei para sua mãe, para a Luana, para a Rita, Dilma e Simone... Estão todos muitos envolvidos e em oração pela sua recuperação. Estou agora aqui na cama escrevendo porque sei que depois vai ler! O coração muito apertado, com medo danado, sentindo sua falta, chorando... mas com fé e acreditando que Deus já começou a agir na sua recuperação! Te amo! Eu sei que de alguma forma você ne sente, sente as meninas! Talvez sonhando, ouvindo... Mas nosso amor por você, vai fazer você lutar e voltar!

20/06 (Domingo)

Hoje eu e Maria seguimos nosso destino, estava tranquila! Mas lá na salinha, a doutora de plantão disse que o nível do potássio hoje estava mais alto que ontem... Que hoje a nefrologista iria tentar um último medicamento, caso não abaixasse, seria feita a hemodiálise! Muito medo! Mas sempre acreditando em Deus... Pulmão estável, infecção controlada, sem febre, hoje a gasometria subiu mais um pouco 210 (ontem 170), saturação variando entre 90/91... Sei que Deus está agindo! Sei que pode sentir de alguma forma nossos corações emitindo amor para você! Aninha ontem e hoje bem triste! Chora, diz ter saudades sua! Converso com ela, sendo segura e forte por fora! A Maria se assusta às vezes, mas está sempre otimista! Dona Arleth hoje está mais descompensada. Liguei quando cheguei, como sempre faço, e passei as informações de maneira leve e otimista! Ah, meu amor! Meu coração hoje ficou muito apertado, doía muito... O telefone tocou, parece que levei uma facada, era a Dona Neli dizendo que estava em oração por você... Passou um tempo e tocou de novo, outra facada! Era Dona Arleth perguntando se tinha alguma notícia... Estava muito nervosa! Chorava! Eu tinha que ser forte e acalmar ela com palavras positivas... Foi difícil, mas consegui! Ana Clara me dizendo estar com O coração apertado porque estava com muita saudade... Meu Deus! Meu amor, só tenho Deus! Queria te ver, te abraçar! Você não está aqui! Hoje 15 dias internado e 10 intubado. Meu coração apertado, angustiado e com muito medo... Estou chorando... Eu tenho Deus aqui comigo! Que amanhã eu chegue e ouça que conseguiram resolver O nível alto do potássio... Mais uma noite vou orar e te visitar! Meu coração vai até você, paro do seu lado, passo a mão no seu cabelo e coloco minha mão na sua testa. Estou te esperando! Você é forte! É a minha Fortaleza e voltará! Te amo!

21/06 (Segunda-feira)

Hoje recebi a notícia que você teria que fazer a hemodiálise. Dr. Kristian me explicou que o seu rim não está com problema, pelo contrário, está funcionando bem. Mas não está dando conta em eliminar as toxinas, uma delas é o potássio que há dois dias só aumenta. Mas falou que seu pulmão está expandindo, três dias sem febre, o Peepe estava oscilando ente 10 /8,a gasometria estava num nível bom... Até fisicamente, dá para ver que O rosto do Wendel melhorou. Ouvi o Dr. Kristian dizer: O quadro do Wendel está começando a se estabilizar! Me emocionei! Disse para ele que todas as noites, vou até você e passo a mão na sua testa... Sai da sala carregada de alegria, apesar da hemodiálise! Cheguei lá fora e a carinha da Maria muito apreensiva com O Lilica! Falei tudo que O médico disse e percebi a felicidade dela e sempre O bom otimismo do Lilica. Voltamos para Piraí e como sempre liguei para O Eduardo, Fernanda, Luana, Dona Arleth e Rita, mandei mensagem para a Cirley, Simone, Fabinho, Dilma, Valéria... Preciso compartilhar sempre com as pessoas que estão nos ajudando desde o início... Muitas pessoas orando por você, em várias religiões, de vários lugares. Isso me conforta! Amigos e colegas de trabalho perguntando, me oferecendo apoio e o melhor, torcendo pela sua recuperação. Hoje, recebi um áudio do Alcir, chegou a se emocionar falando de você! O grupo da ETC diariamente recebe notícias através do Eduardo, muito mandam mensagens diárias e estão em oração por você! Parte da sua família em oração (Rogéria, Rita, Rose, Dona Nilza, seus primos, Dona Venina...) Rodrigo e toda a igreja, Tuca e seus familiares, Fabinho e toda família, Tia Cida e a irmã Júlia, Dona Neli, Valéria e toda a igreja dela, Fortini e a família estão em oração, A Cirley e a família têm me apoiado muito, Leo do basquete, seus colegas da escola onde trabalhava estão em oração, muitos colegas e amigos do trabalho me mandam mensagem... Enfim, uma corrente gigantesca de orações para você! Você é muito querido! A Ana tem chorado todas as noites porque sente sua falta... A nossa Maria tem se mostrado muito confiante e otimista, ela vai todos os dias comigo! Está com o seu crucifixo desde o início... Amanhã terei uma notícia ainda melhor! Tenho fé! O Eduardo há três dias (desde que *começou a dar sinais de melhora), disse que até o final da semana você seria extubado! Hoje quando passei as notícias, ele repetiu! Torço muito para que isso aconteça... Vou dormir para amanhã acordar e seguir para o hospital. Te amo! 23:38*

22/06 (Terça-feira)

Seguimos nosso caminho diário, eu e Maria, estávamos um pouco aliviadas. Mas apreensivas com a hemodiálise porque a Luana no início disse que já viu muitos pacientes pararem quando começava a fazer. (Eduardo e Lilica acharam desnecessário o comentário para a situação) Quando Dr. Kristian me chamou, disse que você havia feito ontem à tarde e havia iniciado hoje às 7:00, já estava terminando (11:10). Passou as informações de que seu pulmão estava expandindo, consumindo menos oxigênio da máquina, disse que seu rosto estava com aspecto melhor e que agora era esperar a hemodiálise limpar as toxinas do sangue, isso determinaria às vezes necessárias. Me tranquilizou um pouco com a hemodiálise. Fiquei menos apreensiva e passei tudo para a Maria e o Lilica. Voltamos! Segui minha rotina... À tardinha, Aninha veio com uma vela acesa e perguntou se poderíamos fazer uma oração para você. Nos ajoelhamos na sala e ela fez a oração.

23/06 (Quarta-feira)

Hoje, seguimos para Volta Redonda com o coração mais leve... Dr. Kristian me chamou e disse que você havia feito a hemodiálise pela manhã e agora ía dar um espaço porque as três foram suficientes para equilibrar. Agora ía deixar para ver se seus rins fariam isso sozinho! Seu pulmão estava expandindo, havia tirado um medicamento, havia começado a diminuir a sedação... Conversou sobre o processo da traqueostomia. Me disse assim: Conhecendo o Wendel, porque tive oportunidade de conhecê-lo antes, conversava com ele...Quando ele acordar, provavelmente vai acordar agitado... A traqueostomia além de ajudar no processo de melhora física, psicologicamente também. Porque o Wendel vai acordar e não vai ter nada no rosto, nenhuma máscara...E para fechar o dia, me disse que você abriu o olho e fechou! Fiquei tão feliz! Representou para mim vida! Que você está ali vivo, lutando pela vida! Sai com o coração mais tranquilo. Lá fora a Maria esperando e o Lilica! Vibramos com as notícias! Liguei para o Eduardo, que como sempre, expressou felicidade e disse novamente que até sexta-feira, você seria extubado! Falou que você é um irmão para ele, disse muitas coisas boas (como de costume) Mas externou que todos estavam muito tristes porque a cachorrinha deles, a Princesa, havia sido envenenada. E ela estava com ele há dez anos e havia ajudado muito na depressão da Fernanda... Quando conversei com a dona Arleth hoje, fiz ela até rir depois de tantos choros! Eu tenho tudo muita paciência com ela porque sei da dificuldade! Falei para ela (todo dia dou uma aulinha...) que a hemodiálise ía limpar tudo de ruim de seu organismo, falei que você ficaria novinho como o nascer de um bebê (ela riu) Disse que Deus te devolveu o dom da vida, você estava renascendo... Ah, meu amor! Sempre acreditei que você conseguira sair desse quadro tão grave! Você sempre foi guerreiro e forte... Hoje durmo um pouco mais feliz! Tenho certeza, que amanhã terei notícias melhores! Vou perguntar para o Dr. Kristian quando vou poder te ver! Te amo! O amor é o maior sentimento que existe, ele torna o impossível em possível! O amor é Deus! O meu amor e das suas filhas estão trazendo você de volta.

24/06 (Quinta-feira)

Hoje seguimos nosso caminho diário, sempre na expectativa! Dr. Kristian disse que de ontem para hoje as condições permaneceram estáveis. As três hemodiálises foram suficientes para expelir as toxinas e estabilizar tudo. Hoje você não fez e que amanhã me diria como seus rins vão responder. Dr. Kristian queria ter feito a traqueostomia hoje, mas por contado atraso do médico cardiovascular, não fez. Ele disse que amanhã cedo será feito...Perguntei ao Dr. Kristian se quando você acordasse eu poderia te ver e ele disse que deixaria naquele momento... Meu coração parecia que ía sair pela boca! Fiquei sentada com meu tercinho na mão esperando ele vir me chamar. Estava travando o choro... Dr. Kristian veio e me chamou! Logo que cheguei no corredor, vi você de longe. Fui me aproximando e você estava tudo cheio de aparelho, com o cabeça viradinha para o lado esquerdo, o rosto bem mais afilado, os olhos meio abertos, muito debilitado... Mas com aquela carinha angelical de sempre. Chorei muito! O Dr. Kristian falou: Esse aspecto que você está vendo é comum porque ele está com muito medicamento no organismo e sedado... É assim mesmo! Não fiquei impressionada! Está tudo bem? Respondi!: Dr. realmente é muito difícil ver uma pessoa que amamos assim! Mas eu sei que é o Wendel e aparência, estar debilitado, magro, isso tudo se restabelece depois! Estou chorando assim, mas estou feliz em ter podido vê-lo...Muito obrigada! Sai dali abalada, mas pude ter ver! Encontrei a Maria e falei as notícias e que tinha te visto. Ela ficou toda feliz! Em casa, longe delas, chorei e quase desmoronei! Fiquei feliz sim! Mas olha para você daquele jeito, doeu tanto! Era difícil demais! Não podia fazer nada! Mas não podia fraquejar! Tenho certeza que você vai sair dessa situação... Queria muito poder estar ai seu lado quando acordasse, mas não depende de mim! Gravei um vídeo, mas a Maria achou que deixei transparecer tristeza porque chorei... Amanhã será um novo dia e o sol brilhará. Vou fazer minhas orações e pedir para que tudo continue dando certo!

25/06 (Sexta-feira)

 Ontem à noite, no momento das minhas orações e conversa com Deus, chorei muito. Pedi para que Ele continuasse ao seu lado, agindo na sua recuperação! Mas pedi também para que me desse força e me amparasse porque tenho que estar forte e equilibrada para seguir firme... Acordei com o coração mais tranquilo e seguimos nosso caminho diário! Hoje o Dr. Kristian perguntou como eu estava por conta de ter chorado muito quando te vi! Eu disse que minha razão entende tudo, mas foi difícil ver você daquele jeito, me senti impotente demais! Hoje fui a última a ser chamada e deu para conversar mais com o médico. Ele fez a traqueostomia hoje cedo em você, havia ocorrido tudo bem! Não fez hemodiálise porque não houve necessidade, mas tudo dependeria da reação dos seus rins (que estão funcionando, você está urinando bem). Sua sedação seria reduzida lentamente, a previsão que até segunda consiga ficar consciente. Disse para o Dr. Kristian que se teria alguém, talvez a psicóloga, para situar no tempo e na situação. Dizer o que estava acontecendo e te tranquilizar sobre as coisas... Eu queria estar ao seu lado para segurar sua mão e dizer que o pior já passou, que precisava ficar tranquilo e em paz! Que eu, a Maria, a Ana e a dona Arleth estávamos bem e que agora você teria que colocar sua fé e a vontade para ajudar a sair da situação. Mas não posso! O médico me explicou que a psicóloga faz essa conversa e ele mesmo, conforme você for acordando. Fiquei mais aliviada! Alguém da sua família conseguiu água benta(muitos em oração diária pela sua vida: Rita, Rogéria, Rose, tia Venina, alguns primos...) e perguntei para o Dr. Kristian se tinha problema alguém de lá do hospital passar na sua testa, ele disse que não e que ele mesmo faria isso. Ah, meu amor meu coração está mais leve e tenho certeza que quando você acordar, as coisas vão caminhar ainda melhores! Te amo!

26/06 (Sábado)

Hoje o dia estava tão bonito! Fomos para o hospital eu e minha companheira de todos os dias. Atrasou muito! Quando entrei, entreguei a água benta para o Dr. Kristian e perguntei como você havia passado as 24 horas. Infelizmente você teve que fazer hemodiálise hoje porque os níveis de potássio, creatinina e ureia começaram a subir novamente, mas clinicamente estava estável. Perguntei de como havia ficado a situação da perna (isso ficou para trás com relação a trombose? Ele disse que não havia constatado e você está com anticoagulante desde o início para precaver. Perguntei sobre o pulmão e ele disse que havia expandido bastante, mas tinha uma parte muito comprometida, talvez ficasse com alguma sequela. Depois fazer acompanhamento com um pneumologista e fisioterapias, mas isso seria uma possibilidade... Perguntei se isso poderia atrapalhar a retirada do ventilador mecânico e ele disse que poderia prolongar! Fiquei triste... Sai e encontrei a Maria, a Francis (esposa do Lilica) e o Lilica passei as informações e no carro sozinha comigo, a Maria chorou! Conversei com ela que a gente sempre vai esperando um notícia melhor, mas isso faz parte do processo (embora também tinha sentido) Voltamos e a Ana estava esperando na escada da garagem para saber notícia do papai. Disse que melhorou mais um pouquinho e que precisamos continuar orando pela recuperação do papai. Conversei com o Eduardo e ele me aliviou um pouco, fez uma nova previsão de que você sairia do hospital daqui a quinze dias, num final de semana porque ele quer estar segurando uma plaquinha na sua saída! Ele acertou o dia da extubação! Conversei com a sua mãe e todos de sempre, mas não falei do pulmão porque é "possibilidade" e tudo pode ocorrer de outra forma! Tenho muita fé nas ações de Deus! Prefiro pensar que você reagiu bem ao procedimento da traqueo e que daqui a pouco vai acordar! Não vejo a hora de ouvir o Dr. Kristian me dizer: Wendel acordou! Levei a água benta e entreguei para ele... Perguntei para ao médico como funcionava a questão de afastamento, estava meio perdida. Dr. Kristian me explicou e disse para o SAC do hospital na segunda. Quando cheguei em casa, enviei uma mensagem para o chefe do Wendel perguntando e fiquei surpresa, pois ele disse que você estava ativo. Disse para ficar tranquilo que a Assistente Social da empresa entraria em contato comigo na segunda e logo que ela fizesse contato, avisasse para ele. Ou seja, ele deu o mês justificando que Wendel tinha folgas na empresa e acabou nos ajudando...

 Del, não vou dizer para você que está sendo fácil, muito difícil ver você assim. À noite, peço a Deus todos os dias para continuar agindo na sua recuperação e me dando força para enfrentar tudo isso! Tantas porradas em 2020 e veio 2021 com essa porradona... Tudo que eu mais queria era ver você bem de novo! Eu ía poder te abraçar e chorar muito... Meu amor, fica bom! Por favor! Preciso de você aqui comigo, do meu lado! Que saudades de você! Eu te amo!

27/06 (Domingo)

Hoje o Lilica e a Francis foram para o hospital... Dr. Kristian disse que hoje cedo você fez hemodiálise para não deixar desestabilizar seu quadro e me tranquilizou dizendo que o seu organismo não apresenta nenhuma alteração no decorrer do processo. De ontem para hoje, se manteve estabilizado, o exame de sangue mostrou que a infecção está reduzindo, o consumo da utilização do ventilador mecânico está entre 50 a 60% (mas ainda alto para tirar da máquina) e que provavelmente amanhã, fará a tomografia para ver de forma mais detalhada o pulmão! A sedação está sendo reduzida, de ontem para hoje você tentou acordar, mas muito agitado! O doutor disse que conforme for tirando, tem que acrescentar um tranquilizante para que acorde, fique com consciência, mas calmo. Esse equilíbrio de dosagem demora um pouquinho para ajustar, mas seu quadro se manteve estável. Fiquei mais tranquila e aliviada! Passei as informações para a Maria, Francis e Lilica. Conversando com a Simone pelo telefone, o William deu a sugestão de eu criar um grupo dos amigos mais próximos para passar as informações diárias por ser cansativo e tomar tempo demais mandar áudio e mensagens todos os dias para várias pessoas. Realmente! Eu e Maria acordamos, saímos de casa ás 9:30, chegamos em VR por volta das 10:00. Na maioria das vezes, ficamos no carro até 10:30 e vamos para o hospital, vou na recepção pego o papel como no peito e esperamos liberar para a entrada. Eu entro e ela fica do lado de fora esperando. Saio entre 11:30/12:00 depende do dia. Chegamos em casa 12:30/13:00. Ligo para o Eduardo, sua mãe, a Rita e Luana! Passo áudio para as pessoas mais próximas, almoço depois (14:00/14:30) Depois respondo algumas mensagens... Mesmo cansada, respondo todas as pessoas que estão torcendo e orando pela sua recuperação. Assim, o grupo RECUPERAÇÃO DO WENDEL foi criado hoje, coloquei uma foto sua e chorei muito, escondido das meninas, claro! Sinto muito a sua falta! A Maria está mais segura porque vai comigo todos os dias e participa de tudo, mas a Ana chora quase toda noite! Durante o dia ela se distrai um pouco, mas lembra muito de você.. É muito difícil ver cada canto, cada movimento da casa e você não está... Mas sei que voltará! Não será no *tempo que quero (o mais rápido possível), mas no tempo de Deus! Porque entrei sua recuperação nas mãos DELE e ELE está agindo...*

Te amo! Quero muito que fique consciente e eu possa te ver!

28/06 (Segunda-feira)

Seguimos nosso caminho de todos os dias... Entrei para conversar com o Dr. Kristian e senti o semblante dele preocupado. Me falou que seu quadro estava estabilizado, que faria a tomografia hoje à tarde e iria para a UTI 1 (ala de quem não tem mais covid). Tirar a sedação está sendo um pouco difícil porque toda tentativa, você volta muito ofegante e não pode! Isso está acontecendo por conta das partes que estão comprometidas do pulmão! Existe um comprometimento maior do pulmão esquerdo. Dr. Kristian disse que estava preocupado por conta da demora, seus membros estão atrofiados e isso pode piorar o processo de recuperação. Mas agora dependia da reação do seu organismo. Fiquei muito triste! Não estava esperando por isso! Estava confiante e feliz porque você iria acordar! Quando sai contei para a Maria e o Lilica, ele como sempre, tentando me animar! Quando cheguei no carro com a Maria estávamos tristes! O dia hoje ficou pesado... Passei as informações no grupo e todos mandando mensagens positivas e de oração! Tenho que me apegar ao lado bom. Acredito que ter saído da UTI do Covid, vou poder ver você! Tenho muita esperança que se conseguir ficar perto de você, vou pegar na sua mão e conversar! Mesmo que esteja dormindo, vai me ouvir! Tenho certeza, que iria te ajudar muito... Acredito que o amor é capaz de tudo porque é Deus amor! Hoje à noite na hora do banho chorei muito implorando para Deus recuperar seu pulmão... Ô meu amor! Que difícil! Todos os nossos amigos me apoiando e oferecendo qualquer tipo de ajuda, eu só queria um abraço... o seu abraço! Por favor, acorda! Preciso de você! Eu te amo!

29/06 (Terça-feira)

Meu amor hoje estou sem condições de escrever... Me falta forças! Preciso descansar e amanhã chegar aí carregada de força e esperança.

30/06 (Quarta-feira)

      Segui para Volta Redonda coma Maria com fé e esperança. Hoje fui direto para o quarto onde você está! Olhei no monitor batimentos 111/112 e pressão 9/4, sua fisionomia estava um pouco melhor que ontem, apesar de ainda estar inchado parecia menos. Cheguei pertinho de você e comecei a conversar, me emocionei quando disse que estava feliz por estar ali com você e poder te tocar. Disse que tinha certeza que de alguma forma você me ouvia e te disse: Estou aqui do seu lado, está sentindo minha mão coladinha no seu rosto? De repente, seus batimentos subiram para 189, a equipe que estava no centro da UTI toda olhou. Um dos médicos fez sinal para o Dr. Kristian e ele ao lado, com a mão pediu para esperar. Os batimentos se estabilizaram... Cheguei mais perto e disse sobre o tempo que estava ali, que o pior já havia passado e que agora dependia de você reagir! Que todos os dias eu e a Maria estávamos no hospital e que eu te amava e que ficaria do seu lado para sempre... Os batimentos subiram novamente! Eu me senti tão feliz naquele momento, tinha certeza de que me ouvia! Novamente, a equipe se preocupou e fez sinal para o Dr. Kristian e ele de novo pediu para deixar. Disse para você que sabia que na hora que o médico te falou que iria entubá-lo, você disse que me amava, amava as suas filhas, amava sua família e pediu para ele me dizer de novo que me amava e me dizer que ía voltar. Disse: Você me prometeu que voltaria e também prometeu cuidar de mim para a vida toda quando tinha perdido minha mãe, lembra? Novamente o coração reagiu com outro pico! E mais uma vez quando coloquei o áudio da Aninha pedindo para volata, foi para 161! Depois falei que estava indo embora, mas falei que ia ficar mais até o médico pedir para sair... Comecei a acariciar sua perna, seus pés... Outro pico 181! Isso era maravilhoso! Você de alguma forma me ouvia! Não dá para relatar a experiência que vivi hoje com você! Foi emocionante! Depois o Dr. Kristian veio e falei sobre os picos, ele disse que estava acompanhando e achava que você estava me ouvindo. Eu disse: Tenho certeza, Dr. Kristian! Por conta disso, não quis falar do seu estado atual dentro do quarto (como fez no dia anterior), você iria ouvir. Seu estado estava muito agravado, estava preocupado! Disse que o vírus foi muito *avassalador! Hoje, por volta das quatro da manhã, a pressão caiu muito e conseguiram controlar com medicamento... o medicamento estava no nível máximo! Por conta disso, não fez novamente a hemodiálise e o rim começou a reter líquido. Apaguei tudo isso até um determinado momento e me apeguei à experiência que vivi hoje! Quando sai, fui contar para a Maria e depois o Lilica... Eles se emocionaram! Maria quando chegou no carro, desmoronou! Abracei ela! Voltei bem! Cheguei bem! Fiz o relato no áudio que enviei para o Grupo RECUPERAÇÃO DO WENDEL e como sempre tive muitas mensagens de força, fé e oração! Mas depois, lembrei da outra parte e comecei a ficar desesperada! A sua situação está muito grave! Chorei muito no banheiro enquanto tomava banho, depois fui fazer minhas orações enquanto a Ana entrou para o banho. Só súplica e desespero! O medo de perder você me destrói! Você é a pessoa que mais amo, meu amigo, companheiro, confidente, meu protetor, minha fortaleza... Não aguento nem escrever! A dor é imensa! Somos só nós quatro, mas as meninas vão seguir a vida delas e eu preciso de você! Tenho que acreditar, ter fé! Eu te amo muito! Não me deixa, por favor! Lute por nosso amor! Reaja! Reaja! Pelo amor de Deus!*

A ÚLTIMA CARTA

Essa foi a última carta escrita! No dia seguinte, acordei com o meu celular tocando antes das 7h da manhã e, mesmo com o coração travado, atendi! Era do hospital pedindo para que um familiar do Sr. Wendel Silva Lima comparecesse com urgência! Me tremia toda, o coração agora além de travado, havia também trancado. Sabe quando arma um temporal, tudo escurece e trava o tempo? Assim que me sentia... Sabia que meu grande amor havia partido! Travei o choro, vesti a capa invisível que me dá poderes de super-humana, troquei de roupa rapidamente e fui acordar a Maria. Disse para ela que se quisesse ficar em casa podia, eu iria sozinha para Volta Redonda e ela logo desconfiou me indagando o que estava acontecendo. Respondi com muito cuidado, e por segundos ela se desesperou. Mas logo levantou-se, trocou de roupa e juntas esperamos a minha ajudante chegar para ficar com a Ana Clara. Pedi para que tirasse o telefone do gancho e não recebesse ninguém, caso chegasse. Queria resolver tudo e eu mesma dar a notícia para a Ana Clara...

Cheguei no carro com a Maria e liguei para o Lilica notificando a situação, ele e a Fran (esposa dele) insistiram em vir nos buscar preocupados pela razão de que eu iria dirigindo naquela situação. Disse que estava tudo certo e que não faria nada que viesse a arriscar minha vida porque tinha duas filhas para criar. Mas que, com muita certeza, precisaria deles quando chegasse ao hospital.

Nunca foi tão longe chegar em Volta Redonda! No carro, eu e Maria chorávamos muito! Estávamos desoladas, não conseguíamos entender aquilo que estava acontecendo. Conforme o tempo passava, vinham lembranças que tornavam tudo inaceitável! Era uma dor muito grande, parecia um filme de terror, sei lá! Mesmo estando ciente de tudo, era impossível acreditar que de fato havia acontecido.

Logo que nos aproximamos do hospital, avistamos o Lilica, a Fran e a Carol (filha do casal), que estavam ainda fora da situação. Lembro que eles ainda tentaram acreditar que por conta de algum procedimento médico haviam solicitado a ida de um familiar ao hospital. Quem dera fosse esse o motivo!

Eu e a Maria fomos até a sala da UTI, encontramos o Dr. Kristian que, lamentando muito, nos comunicou o falecimento do Wendel. Disse que havia feito de tudo pela recuperação dele, mas infelizmente não teve sucesso. Apesar da dor, eu o agradeci por tudo: tanto pelo profissional como pelo ser humano que foi. Apesar da gravidade da situação, nunca demonstrou desânimo ou falta de fé na recuperação do Wendel. Ao contrário, tinha um cuidado diferenciado ao falar sobre situações desagradáveis e sempre oferecia uma palavra motivadora, e, mais ainda, acreditava que tudo poderia mudar para um quadro positivo.

Aguardamos a enfermeira trazer os pertences do Wendel no saguão da sala da UTI... Fiquei minutos estática, pensando que em algum momento poderia acordar e sair daquela cena na qual estava. Veio um filme na minha cabeça, de tantas coisas! De quando nos conhecemos, dos sonhos, das nossas aventuras na juventude, dos projetos, das conquistas, das nossas filhas, da nossa casa... Fui interrompida pela enfermeira me entregando um saco grande amarrado com os pertences dele e antes que pegasse, a Maria puxou das mãos da senhora. Queria me polpar de segurar o embrulho, talvez!

Olhar para aquele saco nos fez chorar e causou um mal-estar muito grande. Caminhamos até a saída, sem rumo, desnorteadas! O Lilica e a Fran vieram nos abraçar, nos confortar. Porém, naquele momento, não existia nada e ninguém capaz de nos confortar. Impossível! Choramos todos! Pela primeira vez, vi a pessoa que todos os dias nos tranquilizava com palavras de conforto saindo de si e totalmente revoltado. O Lilica me disse que não sabia o que me dizer e não tinha palavras para serem ditas. Estávamos todos chorando, tristes, diante de uma situação inaceitável.

Respirei fundo, mesmo aos pedaços, voltei dirigindo para Piraí para resolver o necessário. Lilica, Fran e Carol vieram no carro deles me seguindo e me auxiliaram muito na resolução da parte burocrática. Após tudo resolvido, voltei para casa com a Maria e a mim cabia uma missão muito difícil, extremamente dolorosa, contar para a Ana Clara sobre o pai. Eu e Maria nos sentamos com ela no sofá da sala e com cautela contamos, para nossa surpresa, ela disse que já sabia porque sempre conversava com o papai. Ficamos mais uma vez surpresas com a tranquilidade na qual recebeu a notícia e disse que não queria ir ao cemitério porque queria guardar o pai na cabeça e no coração.

Alguns minutos depois, chegaram os amigos de São Paulo, a Fernanda e o Eduardo, com os filhos e a Fernanda(a amiga que ia ao hospital no período que não pude ir). Abraçar eles fez com que me sentisse à vontade para despir minha capa invisível e voltar a ser frágil. Amigos verdadeiros são assim, nos fazem ser quem realmente somos! O Eduardo demorou a conseguir entrar na nossa casa, ele sempre foi muito próximo do Wendel, verdadeiro irmão! Quando ele entrou, chorando muito, nos abraçamos e senti um desespero enorme. Relaxei, pude chorar e me desarmar. Entrei no carro com a Fê e o Eduardo e seguimos para o cemitério.

A cada lugar que passava, me perdia olhando pela janela como uma criança desamparada que fui num passado longínquo. Olhava cada canto da cidade e vinham lembranças, via Wendel em todos os lugares. Era inevitável! Chorava sem precisar fechar os olhos! A partir desse ponto, prefiro deixar de narrar o que todos podem imaginar.

Os olhos ainda choram

Foram dias difíceis, inviváveis! Perder alguém que amamos, mas que além disso nos protege, nos cuida, nos ama, é inaceitável! Sempre fui muito forte, lutadora e tudo que conquistei foi com persistência e força de vontade. A minha história de vida é cheia de milhares de outras histórias, mas foi ao lado dele que consegui descobrir a cumplicidade e poder me tornar frágil, sem medo.

Nós éramos dois jovens quando nos conhecemos, ambos oriundos de famílias humildes e desestruturadas, por conta disso, sonhávamos em construir nossa família. Passamos por momentos extremamente difíceis nas nossas vidas, mas sempre tínhamos um ao outro para enfrentar o mundo. Depois de 25 anos juntos, conseguimos conquistar "tudo" o que queríamos, tanto material como afetivo. Mas nunca nos permitimos esquecer de onde viemos!

Confesso que escrever agora me emociona. Escrevo limpando os olhos porque mexe comigo, sentimento vem de dentro. Mas digo que, atualmente, cinco meses depois, a dor não me consome mais. Sinto uma saudade enorme! Certamente, essa saudade vai ser eterna e prefiro que assim seja! Não quero lembrar do meu amor e de tudo que vivemos com tristeza e de forma pesada. Muito pelo contrário, continuo a vida por acreditar que só se vive uma vez! Seguir é preciso, nunca desistir! E já que escolhi continuar que seja com leveza, sorriso e compaixão.

Aproveito para compartilhar não só a dor pela qual passei junto a minhas filhas, sogra, sobrinha, irmãos e amigos, mas principalmente minha solidariedade às milhares de pessoas que perderam entes queridos para a covid-19. Posso imaginar a dor de cada um, independentemente da perda, porque a dor não se pode medir, não existe dimensão para supor a dor de alguém. A dor é a dor, sentimos!

NOSSA HISTÓRIA

Era uma vez um príncipe e uma princesa... Mas eles não viviam em castelos e nem eram filhos de reis e rainhas. O príncipe e a princesa, até o dia de se conhecerem, passaram por muitos desafios e, apesar de estarem em histórias diferentes, a narrativa era bem parecida: nasceram pobres, em famílias desestruturadas, sofreram o que hoje chamam de bullying, vivenciaram sentimentos desprezíveis e, por incrível que possa parecer, eles por algum tempo foram invisíveis socialmente. Mas tanto o príncipe quanto a princesa nunca deixaram de acreditar na capacidade que tinham. Eles estudaram muito, talvez exageradamente; lutaram incansavelmente pelo que acreditavam; descobriram a vontade, a persistência e a determinação como fontes para chegar aonde queriam; se alimentavam do conhecimento e, com isso, cresciam a cada dia. Tornaram-se reconhecidos e descobriram que podiam voar para qualquer lugar e que ninguém podia impedi-los. O príncipe agora podia sair em busca de uma princesa, assim como a princesa também buscava encontrar um príncipe. Por acaso do destino, as duas narrativas se entrelaçaram tornando-se assim apenas uma história, a história do príncipe Wendel e da princesa Jucielma, que, ao contrário das convenções sociais, queriam se casar porque vinham de lutas semelhantes, acreditavam no amor e tinham como propósito construir a família que nunca tiveram.

Eu e Wendel nos conhecemos por intermédio do irmão dele, Walace Lima. Éramos dois jovens: ele com 20 e eu com 21 anos, e tínhamos muitas coisas em comum.

Quando começamos a namorar, tivemos que ficar às escondidas por muitos meses porque minha mãe não aceitava o nosso namoro. A justificativa é que éramos muito diferentes, ele não poderia me oferecer a vida que merecia e queria que eu namorasse rapazes com situação econômica acima da nossa...

Wendel fazia graduação de Engenharia Mecânica na cidade de Vassouras, trabalhava em uma empresa privada e por conta da distância só nos víamos aos finais de semana. Toda sexta-feira, quando ele chegava na rodoviária de Piraí, dava um grito que nomeamos de "Homem-pássaro". Com a cidade deserta por conta do horário e a proximidade do local onde morava, ouvia o som emitido e corria para a janela do prédio onde morava para esperar ele passar. Jogava bilhetes com mensagens de amor amassados e ele pegava, outras vezes era ele quem deixava recadinhos na caixa de correio. Raramente conseguia descer e falar com ele rapidinho, pois fazíamos de tudo para não acordar minha mãe.

Em certo momento, tivemos que contar sobre o namoro de quase seis meses para minha mãe e mesmo assim tivemos inúmeras situações conflituosas e difíceis, mas nada abalava a vontade de estarmos juntos.

Nos períodos mais propensos a sair cedo na faculdade, quando tinha prova ou apresentava trabalho, Wendel me levava, e assim tive a oportunidade de conhecer os colegas mais próximos e os amigos. Desses, o Eduardo Barros e o Leonardo Mendonça, que levaram a amizade até os dias atuais e, consequentemente, a amizade se estendeu às famílias de ambos, hoje as esposas e os filhos se conhecem e trocam momentos de afetividade.

O primeiro carro que Wendel teve foi um Chevette branco, a porta do meu lado não abria direito porque o vidro caía e, às vezes, a do lado do motorista travava e ele tinha que entrar pelo meu lado. Era cômico sair com o carro porque quase sempre acontecia um imprevisto.

Histórias da vida jovial não nos faltavam, nos divertíamos intensamente e aproveitávamos bastante o período. São muitas lembranças irreverentes...

Foram muitos carnavais, adorávamos dançar! Num desses, qualquer, assumimos a personalidade de dois palhaços, conseguimos as fantasias com o irmão dele que guardava num galpão há vários anos, suas fantasias de desfiles na Sapucaí. A diversão da fantasia era que ninguém sabia quem estava por trás dela, com isso nos aproveitamos para passar uma pena grande na orelha das pessoas e às vezes, dependendo de quem, eu aproveitava para assustar mesmo... Uma brincadeira divertida para nós, ríamos sem noção de situações oriundas da nossa imaturidade.

Uma outra vivência, não tão engraçada, foi num réveillon na praia de Muriqui. Uma amiga de infância havia nos convidado para encontrarmos com ela e o marido num determinado lugar, pois a família havia alugado uma quitinete, e segundo essa amiga, poderíamos dormir após a virada de ano e ficar o final de semana. Chegando no local, percebemos que além de não ter espaço para dormirmos, ninguém da família sabia do combinado. Ficamos totalmente sem graça com a situação e, apesar de passarmos a virada de ano coma família, não foi como havíamos planejado. Mesmo assim, curtimos o momento, dançamos, cantamos e terminamos a virada dentro do Chevettinho do Wendel com nossas roupas (tínhamos levado mala) penduradas nos vidros do carro para que conseguíssemos dormir e ninguém pudesse nos ver. Acordamos e voltamos para nossas casas, rindo de nós mesmos!

Alguns anos depois, decidimos passar o Ano Novo em Volta Redonda e em certa altura da Dutra o carro parou totalmente. Parecia uma cena de filme de terror, estava tudo escuro, avistava bem de longe uma casinha com facho de luz bem distante de nós, e para completar a cena, chovia muito. Estava desesperada, morrendo de medo. Não conseguia imaginar o que podíamos fazer naquele momento... De repente, vimos um grupo de motoqueiros se aproximarem, Wendel pediu para eu ficar dentro do carro e aguardou assustado o grupo. Para nossa alegria, eram motoqueiros conhecidos (graças a Deus!), o carro ficou no acostamento e cada um de nós voltou na garupa de uma moto...

Sem contar a vergonha, ainda chegamos molhados por conta da chuva. Sinceramente, hoje percebo que tínhamos problemas com nossos réveillons.

Com o passar do tempo, Wendel concluiu a graduação e brindamos a formatura dele. Foi um momento de grande emoção, pois passou por muitas dificuldades para conseguir o diploma.

Mais tarde, eu iniciei a graduação em Letras, na cidade de Barra Mansa, período cansativo! Trabalhava o dia todo dando aula e estudava à noite, voltamos a nos encontrar somente nos finais de semana. Foi nesse período que conheci a Simone, aquela que viria a se tornar uma das minhas melhores amigas, e hoje irmã de coração. Nossa amizade se solidificando gradativamente, até se estender aos nossos namorados.

A primeira vez que a Simone e o Willian vieram em Piraí foi para passar o fim de semana e comemorar meu aniversário. Ainda morava com a minha mãe, num apartamento alugado e perto do cemitério da cidade. Desde esse dia, as idas a Paraty tornaram-se frequentes e consequentemente favoreceram aos meninos se tornarem amigos e a extensão de um vínculo entre as nossas famílias. Os laços ficaram tão estreitos que Simone e Willian tornaram-se padrinhos da nossa primeira filha e um ano depois nós nos tornamos padrinhos da primeira filha deles.

Eu e Wendel antes de nos casarmos oficialmente fizemos o teste morando juntos, e acreditem: deu certo! Programamos nosso matrimônio para novembro, escolhemos o mês porque fazíamos aniversário nele e assim podíamos comemorar sempre a data do casamento num período sagrado para nós.

No dia 15 de novembro de 2003 aconteceu nosso casamento, um momento muito esperado por mim, afinal sempre quis encontrar alguém como ele. Estava subindo ao altar com o homem que havia escolhido para viver ao meu lado para sempre! O que havia visto nele? Ah, um rapaz com uma inteligência invejável, dotado de humildade e de extrema sensibilidade! Nem acreditava! Vi um filme das nossas vidas passar em segundos... Entrava na igreja feliz e mais ainda, ao vê-lo em pé no altar, estávamos prestes a alcançar o sonho do matrimônio.

Estava grávida de três meses da Maria Eduarda e o Padre (um grande amigo) contou a novidade para todos os convidados na igreja de Nossa Senhora de Santana (Piraí), provocando assim muitos risos! Ainda me fez uma homenagem com a música *Oração de São Francisco de Assis*, pois sabia da admiração que eu tinha pelo "santo". O Wendel chorou tanto na cerimônia de casamento que roubou toda a cena, mas eu amava isso! Ele sempre foi emotivo.

Entre namoro, noivado e casamento vivemos 25 anos de acertos e erros, conquistas e perdas, sucessos e fracassos... Mas tudo muito bem vivido! Nesses 25 anos, estudamos e nos aperfeiçoamos profissionalmente, construímos nossa tão sonhada família com duas lindas meninas e nossos três cachorros, construímos a casa do jeitinho que tínhamos pensado; viajamos e conhecemos lugares; conquistamos amigos novos e fortalecemos amizades antigas. Mas também brigamos, perdi meu pai e minha mãe, Wendel perdeu o pai e o irmão, passamos momentos muito difíceis com nossas duas filhas em períodos distintos, enfrentamos coisas imagináveis... Sempre juntos!

Aos olhos de todos, inclusive aos que conviviam conosco, éramos perfeitos. Sim, a perfeição é uma projeção de como conduzimos as imperfeições! Não éramos perfeitos como achavam, tínhamos problemas como todos os casais ou pessoas que convivem juntas, num mesmo espaço, a diferença era o que nos movia, a forma como víamos o mundo e as coisas, e principalmente como lidávamos com tudo.

Mesmo depois de 25 anos, eu tinha um homem que me dava carinho, fazia meus mimos, trazia café na cama, sempre tirava a blusa dele se me visse com frio ou se chovesse, me mandava flores e mensagens em ocasiões especiais, organizava festas em meus aniversários, fazia churrasco para mim sempre que pedia (com a carne que só ele conseguia fazer), me levava em lugares maravilhosos... Sim, nosso casamento passou por períodos sombrios! As coisas mudam, as pessoas também. Mas a essência permaneceu dentro de cada um de nós! Agradeço a Deus por ter vivido tudo de melhor ao lado de quem amei e em nenhum momento me arrependo do que fiz em prol desse amor.

Se pudesse voltar ao passado e tivesse a oportunidade de refazer tudo, seria com ele novamente e tantas outras vezes que pudesse. Claro que algumas atitudes seriam diferentes porque só aprendemos no decorrer da vida e das experiências adquiridas como passar do tempo. A perspectiva que tenho atualmente, apesar de manter pensamentos desde a infância, não é a mesma. E, a meu ver, não pode ser mesmo! Porque o ser humano representa um ciclo de vida instável e nem sempre contínuo em sua trajetória de vida: nasce, cresce, se reproduz, envelhece e morre... Talvez esse pensamento seja simplesmente um dito do senso comum, mas que não serve de regra para espécie alguma.

Existem pessoas que nem conseguiram cumprir o primeiro estágio do ciclo, o de nascer; algumas nascem, mas não lhes é permitido crescer; outras, por inúmeros motivos, não se reproduzem e nem sequer chegam a envelhecer... O único estágio indiscutivelmente que transcende o senso comum é de o morrer. Todos nós morremos! Mesmo assim, não falamos sobre a morte porque não temos capacidade de abordar questões sobre aquilo que desconhecemos totalmente.

Talvez, se tivéssemos entendimento sobre esse ciclo findo, seríamos mais intensos nos nossos sentimentos e pudéssemos desenvolver a capacidade de valorizar a vida sob a perspectiva da simplicidade.

Um ano depois

O tempo talvez seja a grande sacada da vida, trabalha simultaneamente com sentidos paralelos e também antagônicos. O tempo nos oportuniza aprender coisas e situações significativas, ele também nos traz continuamente a prova de que precisamos conhecê-lo para que assim possamos entender o que acontece conosco e ao nosso entorno.

Existem clichês que ouvimos inúmeras vezes e por conta disso quase nunca paramos para refletir sobre o real sentido daquilo frequentemente ouvido por nós. Ouvi muitas palavras e frases de conforto no decorrer de um ano após a perda do Wendel, as expressões mais marcantes foram: *O tempo cura tudo... O tempo é o melhor remédio para superar a perda de quem amamos... Com o tempo tudo passa... O tempo cura a dor e deixa a saudade...*

Realmente tenho que concordar que o tempo nos possibilita escolhas, nem sempre bem sucedidas, tudo depende de como lidamos com os fatos oferecidos pelo tempo.

Depois que perdi meu companheiro, nos primeiros meses a dor avassalou meu coração. Chorava muito, me desesperava, às vezes acordava aos gritos chamando por ele... Não havia vontade de fazer nada, tinha dias que nem queria sair da cama. Queria dormir porque sempre alimentava a ideia de que quando acordasse, ele estaria deitado ao meu lado e me certificaria de que tudo não havia passado de um pesadelo.

Infelizmente, nunca conseguia acordar do pesadelo. Era um círculo vicioso, dormia e imaginava que quando acordasse as coisas seriam diferentes.

Acredito que com quase dois meses após a perda, retomei as sessões de terapia com a psicóloga que já frequentava por conta de problemas anteriores com a minha mãe. Vou abrir parênteses aqui:

(O ano de 2020 havia sido pesado para mim, isso porque não sabia o que aconteceria em 2021. Minha mãe começou a desenvolver problemas mentais e comportamentais, consequentemente físicos também. Assim, de abril até o mês de dezembro, vivia acompanhando ela em consultas e internações, esse período foi enlouquecedor para mim. Foram muitos surtos psicóticos que vivenciei, algumas agressões verbais e físicas, poucas pessoas sabem pelo que eu, Wendel e minhas meninas passamos. Mas prefiro não entrar em detalhes sobre esse assunto até para preservar a imagem da minha mãe! Foram meses difíceis, que comprometeram também minha saúde por conta da pressão psicológica. Graças a Deus, Wendel estava ao meu lado sempre ajudando e tentando amenizar os problemas. No dia 18 de dezembro do mesmo ano, fiquei completamente órfã! Por tudo que vivenciei com ela e pelo próprio estado no qual se encontrava, a morte foi um descanso...).

Além das terapias semanais, procurei um psiquiatra para me cuidar. Apesar da dor, tinha consciência de que tinha duas filhas que dependiam exclusivamente de mim e no momento elas eram o motivo pelo qual insistia em reagir.

Mesmo me consultando com o psiquiatra, resisti em tomar as medicações porque sempre busquei caminhos alternativos antes de recorrer às farmácias. Talvez por conta desse posicionamento, sempre tive uma resistência para suportar as dores físicas.

Não comprei os medicamentos prescritos pelo médico, conversei com a psicóloga (por WhatsApp) e disse que não iria tomar. Óbvio que ela me orientou o contrário de minha decisão, mas ainda assim resisti.

Como sempre aprendi na vida, tinha que me manter forte para seguir e chorar quando necessário. Por tudo que já havia passado, achava que iria conseguir vencer mais esse desafio na vida e que o tempo me ajudaria. Para minha surpresa, os acontecimentos tiveram outro desfecho.

Numa quinta-feira, após chegar de Volta Redonda, olhei para o meu closet e me deparei com uma blusa do Wendel. Uma marca registra de nossas férias, uma camisa de botões na frente, malha fina e estampas de coqueiros; usada com frequência por ele quando íamos para a praia. Não consigo descrever com propriedade a situação, só lembro que catei a camisa, me deitei na nossa cama e tive uma crise de choro. As meninas assustadas ao meu redor, e mesmo assim não conseguia parar de chorar... Algum tempo depois, ainda rodeada pelas meninas, cessei o choro e com isso veio a percepção do fato ocorrido, me senti muito mal por tudo e depois de conversar com a Maria prometi comprar os medicamentos no dia seguinte.

Feito! Iniciei com as medicações e em poucos dias estava me sentindo melhor. Redescobri o que era deitar, apagar e só acordar no dia seguinte, estava sendo muito bom. Assim permaneci por alguns meses, acredito que uns quatro meses, com o remédio para dormir e uns oito meses com antidepressivo do dia, e nunca recorri ao SOS que carregava na bolsa para uma emergência. Reconheço, hoje, a importância que os medicamentos tiveram para que eu pudesse atravessar o período e que em determinadas situações são imprescindíveis.

Sinceramente, existiam muitas preocupações, a maior delas era estar bem para cuidar das meninas. Maria Eduarda amadureceu de uma hora para outra, mas sofria intensamente a morte do pai. Uma de suas dificuldades foi aceitar o porquê de o ter perdido, pois sempre teve extremo cuidado e precaução com o vírus da Covid, era inaceitável para ela. Em momentos nossos, chorava e algumas vezes soluçava e se desesperava... Naqueles instantes que pareciam inacabáveis, me sentia sozinha e impotente, só podia acalentar e mais nada. Até porque assim estávamos, isoladas em nossa perda, e lá fora, tudo continuava e vivia!

Nisso tudo de ruim e dolorido que vivenciamos, percebi como eu e as meninas temos uma conexão divina, se uma se sentisse mal em algum momento, mesmo que em espaços físicos diferentes, as outras duas também se sentiam, e assim nos juntávamos. Chorávamos juntas!

A Ana Clara reagiu melhor à perda porque ainda estabelecia um contato maior com o pai. Durante algum tempo, a Ana via o Wendel sentado ao meu lado da cama (por noites), às vezes, ao nosso lado em diversas situações cotidianas, em pé perto do carro dele acenado no instante em que saíamos, isso ocorreu por alguns meses, até ela me perguntar por que não conseguia ver mais o pai. Foi complicado encontrar uma resposta para uma situação tão sublime e ao mesmo tempo tão fantástica. Imaginem só, para tentar tal entendimento as pessoas precisam ter tantos conhecimentos, vivenciar tantas coisas e aceitarem a condição de que ninguém nunca realmente vai conseguir explicar o inexplicável.

Com o passar dos meses, a Ana Clara começou a sofrer mais e compartilhar comigo e com a irmã sua tristeza. Passamos juntas piores momentos, porque a presença do pai e do companheiro era forte, viva e, principalmente, ativa; Wendel sempre participou de tudo dentro e fora de casa, representava alegria, bagunça, música, barulho... agora só havia o silêncio. Cadê o colchão para escorregar na escada? Não acordamos mais nos finais de semana ouvindo som alto com Engenheiros do Hawaii, o churrasco de domingo só nas lembranças, as coreografias do nosso dançarino "coisinha de Jesus" acabaram...

O RECOMEÇO É SEMPRE DIFÍCIL

Não, não podia permitir que as coisas continuassem assim! Viver de tristeza nunca! Vamos recomeçar... Sempre dizia para as meninas: *Chorar faz parte, a gente seca as lágrimas e segue!*

Wendel morreu em 1.º de julho, no feriado de 7 de setembro estava fechando a van para as meninas retornarem à escola. Ambas estudavam em Volta Redonda no período da tarde e precisava que retornassem... Algumas pessoas ficaram inquietas com essa decisão, havia perdido meu marido há dois meses e estava consentindo que as meninas voltassem a estudar em meio à pandemia do vírus que havia tirado a vida do pai.

A Maria e eu já havíamos tomado a primeira dose, estava cômodo para mim as duas o tempo todo comigo confinadas dentro de casa, pensei que era imprescindível que voltassem a ver o mundo e as pessoas. Precisava realizar um rompimento imediato, não queria transferir a "falta" que sentia para elas e menos ainda me tornar dependente delas. Não foi nada fácil, a primeira semana foi crucial porque ficava sozinha em casa (o Toody me fazia companhia) da hora que as colocava na van até quase às 19h. Milhares de coisas passavam pela minha cabeça, coisas muito ruins... Alguns dias depois, consegui lidar com a situação e aprendi com o amigo tempo que precisamos ficar sozinhos e controlar nossos medos e paranoias, caso contrário, seremos eternos reféns de nós mesmos.

Uma das cenas mais marcantes que tive que enfrentar com as meninas foi o *Dia dos Pais*, elas haviam perdido o pai no mês anterior e me doía pensar como estava o coraçãozinho das duas. Não podia deixar que aquele dia ficasse mais triste e então, dois dias antes, comprei várias mudinhas de onze-horas. No dia da comemoração, propus para as meninas que fôssemos plantar flores no túmulo do pai. Loucura? Talvez uma forma de enfrentar a realidade com um olhar diferenciado... A Maria e a Ana aderiram à ideia e mesmo com tanta tristeza fomos buscar os meios de colocar em prática. Pegamos as mudas de onze-horas, separamos balde e luvas, seguimos para o cemitério. Por instantes, não sentimos o peso de estarmos naquele lugar e percebi que elas se sentiram bem por estarem ali de alguma forma interagindo com o pai, e claro que eu também. Ficamos por lá até plantarmos todas as flores, molhamos, nos despedimos dele e fomos almoçar num restaurante para quebrar a rotina do dia a dia.

Em outubro, coloquei as meninas e o Ian (namorado da Maria) no carro e seguimos para Paraty, fomos passar o final de semana na casa dos padrinhos da Maria. Em todos os passeios e viagens que fazíamos, o motorista era sempre o Wendel, eu a copilota, como ele mesmo dizia, e sempre desfrutava das paisagens no banco do carona.

Ir a Paraty foi uma grande superação porque íamos sempre, já tínhamos nosso quarto reservado com colchão de casal, tudo bem organizado pela minha amiga Simone. Chegar lá sem ele foi difícil para todos. Refazer o caminho que sempre Wendel estava ao nosso lado foi totalmente desnorteador, mas conseguimos... Foi uma vitória dolorida!

O quarto era o mesmo de sempre, mas a Simone teve o cuidado de mudar algumas coisas, inclusive de tirar o colchão de casal e eu dormir na cama auxiliar ao lado das meninas. A primeira noite foi imensamente doída, trailers de nós dois passavam em minha cabeça. Ir para casa dos nossos amigos tornou-se um hábito contínuo, motivos positivos nunca faltaram: a recepção por parte da Simone e do Willian, o aconchego, sempre nos sentimos como se estivéssemos na nossa própria casa. Como se não bastasse, a motivação principal era encontrá-los e ver nossa afilhada, a Luisa, e também a Mariana, irmãzinha da Lu.

Apesar das lembranças que apertavam o coração, conseguimos passamos um final de semana agradável.

A partir daí, vieram outras viagens de carro, desafios que me trouxeram muitos medos e com eles a vontade de superá-los. É complicado, o medo surge e temos duas opções: a primeira é deixar de seguir adiante porque o medo faz construções fantásticas em nossas mentes, nos convence de suposições irreais e nos faz desistir; a segunda é enfrentá-lo. Mesmo com o coração apertado e com a sensação de que tudo pode dar errado, seguir!

Aos poucos estou aprendendo a me virar em fazer muitas coisas que antes tinha alguém que fazia por mim, o tempo está ajudando. Com isso, estou tendo a oportunidade de crescer como pessoa, inúmeros aprendizados e conquistas; a essência continua aqui dentro e nunca quero que se vá!

Perder alguém que amamos é perder uma parte de nós! Não é exagero ou drama, porque o amor é o sentimento mais perfeito que existe...

Imaginem que quando crianças levamos muitos tombos, alguns tornam-se inesquecíveis por conta das consequências e outros nem lembramos. Cair, machucar, ter que ir ao hospital levar uns pontinhos, e depois a dor passa! Conforme vamos crescendo, aquele tombo pode ser relembrado em uma roda de conversa porque de alguma forma o assunto foi pertinente à situação. Mas também podemos lembrar do tombo porque nos restou uma cicatriz e, toda vez que a percebemos, relembramos da situação. Podemos atribuir vários sentimentos à lembrança: tristeza, alegria, medo, força, insegurança, além de anexos: período em que aconteceu, como ocorreu, quem estava junto e outras inúmeras relações.

Assim, na analogia da vida posso dizer que o tombo foi a morte de quem amava; o machucado foi a dor da falta; a ida ao hospital para dar uns pontinhos remete ao tempo decorrido após a perda, e a cicatriz seria toda a história que você viveu com a pessoa do momento que a conheceu até a morte.

Exatamente assim! O tempo passou e com ele a superação pela perda. Mas sempre vai existir algum fator que servirá de "ativador" para buscar no inconsciente as lembranças guardadas dentro de você. E foi exatamente para lidar com os "ativadores" das lembranças que busquei me preparar de forma gradativa, dando um passo de cada vez. Nunca imaginei que seria fácil, mas sabia que seria possível e isso bastava. Necessitava aprendera administrar os meus próprios sentimentos, para então induzir as meninas a fazerem o mesmo.

Por acreditar que nossos pensamentos têm forças ainda desconhecidas, sempre apostei que como direcionamos o que pensamos pode ou não nos ajudar. Inicialmente, depois de passar a tempestade avassaladora da perda, esgotava todos os dias o meu corpo fisicamente e quando chegava à noite estava no limiar do cansaço. Arrumava o tempo todo tarefas para fazer dentro e fora de casa: mudar coisas de lugar, pintar as paredes em estado necessário, trocar lâmpadas, fazer faxinas pesadas, arrumar guarda-roupa, cortar grama, podar as árvores do quintal, criar um jardim, dentre outros milhares de afazeres.

Aos poucos, fui diminuindo a intensidade das tarefas braçais e comecei ocupar a mente retomando as leituras, os filmes, as séries e os joguinhos no celular. Criei rotinas diferenciadas das que tinha na vida anterior (antes da perda), comecei a cuidar mais de mim em todos os aspectos e também perceber que a vida continuava.

Digo que vejo o mundo ao meu redor girando normalmente, mas o mundo dentro de mim não gira como antes, existe nele um distanciamento do real para o sonhado, o ilusório. É humanamente impossível fazer qualquer coisa ou estar em qualquer situação sem ter ao lado quem sempre esteve e participava ativamente. O difícil para mim não é continuar, seguir, porque assim deve ser; a dificuldade é olhar para o entorno nos mais variados momentos e perceber a negação de uma presença viva. Tão viva que chega a corroer por dentro... Acordar todos os dias, olhar ao lado esquerdo da cama e sentir o lugar vazio e frio, sem movimento; sem aquela pessoa que te agarrava o tempo todo jogando as pernas sobre seu corpo. Sabe aquele calorzinho de afeto que esquenta o coração? Bem assim! Ir a uma festa com música, gente, bebida...Você dança, canta, bebe e, ao olhar por alguns minutos ao seu redor, não acha alguém que dançava, cantava e bebia com você. Por incrível que pareça, sempre estava junto!

A parte mais sufocante pra mim está em sentir um vazio absoluto, surreal, de alguém inevitavelmente perceptível. Que sempre protegeu a mim e as meninas de qualquer ameaça, até as imaginárias! Que buscava alegrar nossos dias, mesmo que para isso suportasse o meu mau humor matutino ou qualquer outro! Que ficava por longas horas conversando sobre a educação de nossas filhas, religião, política ou até mesmo sobre futilidades nossas! Que mandava flores, que organizava (junto às meninas) todos os meus aniversários e comemorações do Dia das Mães, que sempre cantava e tocava violão pra mim, que comprava coisas gostosas para os lanches da tarde, que me tirava risos quando estava irritada, que inventava passeios mirabolantes quando viajávamos... Impossível esquecer! Nunca!

Seguir adiante não significa esquecer o que foi vivido ou a pessoa que perdemos, mas aprender a conviver com as lembranças e com a saudade que perpetuará dentro de nós. É continuar amando quem se foi, mas priorizando o amor aos que ficaram. Porque ficar aqui significa que ainda temos muitas coisas para serem vividas e experimentadas, e não sabemos quanto tempo teremos para praticar tudo o que gostaríamos.

Finalizo destacando a importância de saber viver a vida da melhor maneira possível. A perspectiva que tenho é de que, embora a maioria das pessoas pense ao contrário (e tem meu respeito), nascemos nesse mundo e aqui terminamos; aqui também seremos felizes ou não, evoluiremos ou nos manteremos estáticos em nossas certezas; seremos caridosos ou inerentes ao outro; compartilharemos a bondade ou simplesmente permaneceremos no mal que nos consome; seremos pessoas coletivas ou pessoas individualistas; nos tornamos melhores ou nos acomodamos aos piores; enfim, viver é uma dádiva que nos foi concebida por um Ser Supremo...

    Quero muito aproveitar cada pedacinho de momento compartilhado com as pessoas que amo, principalmente com as meninas, e tentando ser da melhor e mais feliz maneira possível.

Pensamento da autora

Achei importante escrever esta parte do livro porque certamente esta seção está mais próxima do tempo no qual me encontro hoje. Como foi dito no início, sobre mim, a escrita sempre foi o meio pelo qual extravasava meus sentimentos e pensamentos, em todas as esferas da vida.

Em *Cartas ao vento*, não poderia ser diferente, a narrativa é composta por várias partes que vivenciei durante toda a trajetória da história da Covid com meu marido; desde a contaminação até a fatalidade anunciada. Foram recortes feitos numa ordem cronológica, correlacionando os fatos apresentados com evidências reais aos sentimentos "vividos" em cada circunstância proposta em nossas vidas.

Os relatos mais desprovidos de pensamentos reflexivos foram realizados durante as escritas das cartas em virtude da consolidação do ato, em tratando-se de emoções somente. Período esse restrito a um tempo específico, no qual passei a frequentar diariamente o hospital para receber informações sobre o quadro clínico do Wendel. Convivi assim com antíteses sentimentais, entre o medo constante de perdê-lo e a esperança incansável de vê-lo driblar a morte.

As narrativas posteriores surgiram a partir dos relatos das cartas e foram ganhando força no decorrer da história, oferecendo a mim lembranças guardadas há muito tempo e algumas esquecidas no inconsciente.

É imprescindível que os leitores percebam que ao final de tudo houve superação e muita vontade de continuar a caminhada da vida. Atualmente, as coisas voltaram à normalidade, não à anterior, mas novas redes foram criadas para reconstrução das substâncias neuronais da vida. Essa capacidade todos nós temos, cada qual no seu tempo e ritmo.

Aos poucos, estou aprendendo a lidar com a "situação" da ausência física do Wendel porque, sinceramente, a ausência sempre existirá. Perceber que o mundo ao redor continua girando e que as pessoas permanecem seguindo suas vidas normalmente talvez doa um pouco. Mas torna-se também favorável ao nosso crescimento de que precisamos reagir!

Em fevereiro de 2022, fui convidada a assumir outra função na Educação e isso me proporcionou respirar outros ares, conhecer outras pessoas e retomar amizades afastadas pelas circunstâncias da vida. Nesse período, reencontrei as amigas de juventude Aline Lima e Luciane Jasmim (guardadas no coração), tive a oportunidade de conhecer duas pessoas que tornaram-se grandes e significativos amigos e acabaram me ajudando em momentos de deslizes emocionais: Paloma Menssor e Vitor Santos. Presentes que a vida nos dá... Por estarem no dia a dia comigo, acompanham de perto as oscilações sentimentais ocorridas no andamento do seguir adiante.

Escrever *Cartas ao vento* me proporcionou momentos de extrema tristeza e nostalgia, mas também favoreceu ao meu íntimo refletir sobre como essa história vai ser sentida e compreendida pelas pessoas que se propuseram a lê-la. Quantas delas tiveram perdas como eu nesse período de pandemia? Como estão lidando com essas perdas?

Não foi nada fácil chegar até aqui, tem momentos que me sinto suspensa no ar e aleatória; às vezes, me iludo que tudo isso ainda pode ser um pesadelo e que de alguma forma vejo aquele sorriso bobo me alegrando. Por mais forte que seja, ainda me vejo fora de mim, fraca, sem condições de conduzir situações corriqueiras equilibradamente.

Ultimamente não consigo ouvir nenhuma música dos Engenheiros do Hawaii sem conectar à imagem do Wendel tocando violão ou a cenas importantes de nossas vidas; não ouso ainda ir a determinados lugares pelos quais passamos ou frequentávamos porque tenho guardadas lembranças inapagáveis; não me sinto confortável em olhar para certos objetos e saber o quão estão materializados na nossa história. Sim, "ainda" não consigo trazer certas situações para o contexto da superação! Mas tenho certeza de que gradativamente as coisas vão se ajeitando e se alocando em minha narrativa de vida.

Sinceramente não dá para explicar algumas coisas, porque certas situações não dependem exclusivamente de mim; tem momentos que, mesmo fazendo movimentos inversos, não consigo fugir de provocações de causas naturais. Por morar numa cidade pequena, onde todos se conhecem e mantêm suas rotinas, o cenário é sempre o mesmo, estático; o que dificulta sair de casa todos os dias e me deparar com tudo igual, mas faltando uma peça-chave nisso tudo. Às vezes, uma pessoa conhecida, uma praça, uma rua, serve de gatilho para trazer à tona lembranças vividas ali, em algum tempo anterior.

Travo muitas vezes, mas seguro o choro (quando consigo) e me mantenho firme porque penso que não posso fugir da situação. Ao contrário, penso que devo permanecer inserida naquela dor para que assim crie resistência e mais adiante consiga superar. Foi exatamente isso que busquei fazer até aqui em diversos "gatilhos" provocados e deu certo!

Não existe uma fórmula mágica para universalizar o sentimento e a reação das pessoas diante da perda de alguém amado, cada um é de um jeito e lida com o mesmo problema de forma diferenciada.

A vida me ensinou até aqui, por conta de tudo que vivenciei na infância e na adolescência, que todos nós temos limites, limites esses que, dependendo de onde estamos, socialmente nos foram impostos, e individualmente nos foram condicionados. Tive que aprender a superar limites para chegar até aqui e continuar a caminhar, pois seguir em frente depois de uma perda tão significativa nos exige ultrapassar limites.